Sobre éstos o temas relacionados,
Fomento Educativo de Querétaro (Fomeq)
ha publicado previamente:

Dimensiones del comportamiento y la cultura organizacionales

La cultura organizacional

To Be or Not To Be:
A Map of Human Behavior

Liderazgo absoluto:
Ruptura y renovación de premisas y de prácticas

INDUCCIÓN
integral

mariano ortega

*Copyright © **Mariano Ortega***

Primera edición 2018

Fomento Educativo de Querétaro (Fomeq)
fomeq@hotmail.com

Este libro constituye una ampliación y una profundización del libro *La inducción como proceso dimensional* del Centro de Desarrollo y Estudios Sociales y Administrativos (CEDESA), autorizado mediante convenio con Fomento Educativo de Querétaro (Fomeq).

Reservados todos los derechos.
Prohibida su reproducción parcial o total por cualquier medio o procedimiento que sea, incluyendo los medios electrónicos, la fotocopia y la grabación sin autorización previa y por escrito.

All rights reserved. No part of this publication may be reproduced, distributed, or transmitted in any form or by any means, including photocopying, recording, or other electronic or mechanical methods, without the prior written permission of the publisher, except in the case of brief quotations embodied in critical reviews and certain other noncommercial uses permitted by copyright law.

ISBN–13: 978-1724823830
ISBN–10: 1724823833

A la memoria de
Rafael Garza Berlanga

Contenido

Introducción 9

1. El concepto de inducción 15
   1.1 La inducción inicial 16
   1.2 Inducciones posteriores 20
   1.3 Estrategias de inducción 24

2. La organización multidimensional 29
   2.1 La organización como agente o instrumento 31
   2.2 La organización como estructura y procesos 32
   2.3 La organización como comunidad 34
   2.4 La organización como grupos de poder 36
   2.5 La organización como entidad significante 37

3. Áreas de la inducción 39
   3.1 Inducción al área técnica 41
   3.2 Inducción al área formal 43
   3.3 Inducción al área informal 45
   3.4 Inducción al área paraformal 48
   3.5 Inducción al área ritual 50
   3.6 Inducción integral 53

4. El inducido 57
   4.1 La cultura personal del recluta 58
   4.2 Culturas organizacionales previas 60
   4.3 El contrato psicológico 62

5. El proceso de inducción..65
   5.1 Necesidades y contrato psicológico del recluta.......................68
   5.2 Las actividades de inducción..69
   5.3 Evaluación de la inducción 75
   5.4 Participantes en el proceso de inducción.................................78
   5.4 La figura del mentor...81

6. Problemas de una inducción inadecuada 87
   6.1 Socialización incompleta..88
   6.2 Socialización sobre focalizada 91
   6.3 Sobre socialización...92
   6.4 Otros problemas en relación con la inducción 93

Bibliografía...97

Introducción

Juan Pérez acaba de ser contratado por la Organización X (empresa del sector industrial o de servicios; institución educativa; agencia gubernamental; etc.).

Aunque desde un punto de vista estrictamente racional y, en muchos casos, legal, dicha contratación implica que ambas partes (Juan y la Organización X) se han comprometido en definitiva por un período determinado o indefinido a trabajar juntos y ya es simplemente cuestión de que Juan se presente y empiece a trabajar; desde un punto de vista humano y organizacional, esa contratación apenas si implica una intención: la buena intención, por parte de ambos, de desarrollar una relación laboral efectiva que eventualmente les permita trabajar conjunta, concertada y productivamente.

Organizacionalmente, Juan es un extranjero: viene de fuera de la organización y (aunque profesionalmente pueda ser un excelente ejecutivo, tornero, profesor–investigador, ingeniero, etc., y conozca perfectamente su oficio, su profesión o su trabajo) no conoce realmente a la organización; no conoce sus costumbres, ni su lengua; no conoce su manera particular de ver y entender las cosas, ni sus gentes, ni sus grupos; etc.

Y, si bien, racionalmente podrá hacer mucho sentido la contratación de Juan (por sus antecedentes, experiencia, habilidades, estudios, etc.) su efectividad eventual y su valor real para la organización dependen –tanto o más que de sus características profesionales– de que pueda incorporarse con éxito a la Organización X en su concreción cotidiana: aprender su lengua, adoptar sus costumbres, compartir sus valores y su manera particular de ver y entender las cosas, convivir y comprender a su gente, sobrevivir y utilizar constructivamente las interacciones políticas internas, etc.

En otras palabras, para que las buenas intenciones, cifradas en la contratación inicial, puedan llegar a convertirse en realidad; para que Juan, de un excelente profesional externo se transforme en un valioso recurso interno de la Organización X, es indispensable que conozca, aprenda y comparta su cultura: todos esos valores, supuestos, premisas y prácticas, que se viven, se aplican y se comparten inconsciente, automática e incuestionadamente, por los miembros de la organización.

Por ejemplo, entre las guías de comportamiento que ofrece una cultura organizacional está la que indica cómo se comunican los desacuerdos con el jefe, en la vida diaria de la organización, independientemente de filosofías manifiestas, posturas teóricas, o reglamentos. Algunas culturas organizacionales prefieren la comunicación indirecta de desacuerdos; otras, la confrontación directa; en algunas más, se espera simplemente que se callen y se olviden; todavía otras, acostumbran el oficio con n número de copias y tantas firmas de apoyo como sea posible; etc.

Juan puede ser un excelente profesional, pero su efectividad organizacional se verá severamente afectada por su manejo adecuado de lo culturalmente aceptable. Así, si en la cultura de la organización en la que previamente hubiera trabajado se exigiese la confrontación directa para manejar desacuerdos con el jefe, Juan tenderá a utilizar esa forma de comunicación automáticamente, y sin pensarlo dos veces, en la Organización X.

Si en esta organización, la forma culturalmente aceptable fuera la comunicación indirecta, Juan podrá ser percibido como agresivo, confrontador o conflictivo y, acaso, abiertamente rebelde, o politiquero;

y, consecuentemente, podrá ser rechazado no sólo por su jefe sino, incluso, por su propio grupo de trabajo. Juan sentirá el rechazo sin comprender inmediata o plenamente sus causas. Este rechazo afectará el comportamiento posterior de Juan en la Organización X, etc.

El aprendizaje de una cultura organizacional específica, sin embargo, como todo aprendizaje, no se da por sí solo ni sucede de la noche a la mañana.

Juan necesitará que la organización lo apoye plenamente y le facilite su proceso de desextranjerización.

Para ello, será indispensable, por una parte, la realización de una serie de actividades de orientación y socialización en la cultura; y, por la otra, el tiempo y la paciencia requeridos para digerir e internalizar ese mundo organizacional diferente, esa nueva cultura.

En suma, Juan necesitará de un programa de inducción que lo incorpore no simplemente al puesto o trabajo a desempeñar, sino, integralmente, a la cultura global de la Organización X, como un todo.

Y la necesidad de un programa de inducción se da independientemente de si se trata de una compañía global de miles de personas o de una organización local de dos o tres personas.

Juan necesita aprender cómo se hacen las cosas en su nuevo trabajo; qué valores, premisas y supuestos lo rigen; y cuáles son las prácticas y los comportamientos no sólo aceptables sino esperados; sin importar el tamaño de la organización a la que llegue.

De no existir formalmente tal proceso, Juan como quiera será eventualmente inducido, pero como dice el refrán, "tarde, mal y nunca". Su aprendizaje de cómo se hacen las cosas en su nueva organización será más lento, más difícil, probablemente incompleto y seguramente más costoso no sólo en términos monetarios sino en términos humanos de ansiedad, incertidumbre y de aceptación social por parte de sus compañeros de trabajo.

En este libro se analiza y discute el proceso de inducción como uno de los procesos claves de la administración de los recursos humanos para la incorporación integral, eficiente y efectiva de los nuevos miembros a la cultura particular de una organización dada.

Para ello, la inducción se visualiza como un proceso multidimensional, en el que deben atenderse todas y cada una de la dimensiones constitutivas del comportamiento y de la cultura organizacionales.

Cada una de esas dimensiones genera, así, un componente del proceso de inducción o, si se quiere, un área más o menos definida de inducción. Estas áreas resultantes, al conjuntarse, permiten optimizar el proceso, al convertirlo en una inducción verdaderamente integral: una incorporación a la cultura particular de la organización y no solamente a partes aisladas de ésta.

En su capítulo primero, el libro se enfoca en el análisis y en la definición del concepto de inducción. Explora el proceso de inducción inicial; plantea los procesos de inducción posteriores, cuando las personas son ascendidas de puesto, transferidas de área, etc.; y analiza algunas de las estrategias de socialización comúnmente utilizadas.

En el capítulo segundo, se visualiza a la organización desde una perspectiva dimensional. Esta perspectiva permite analizar y entender a la organización como agente o instrumento para el logro de objetivos específicos; como estructura y conjunto de roles y procesos de operación estándar; como comunidad social con un valor en sí misma para las personas que en ella conviven; como conjunto de coaliciones o grupos diversos de interés con grados variables de poder; y como entidad significante que integra todos sus componentes no por lo que son sino por lo que significan para quienes comparten ese mundo simbólico.

En el capítulo tercero se aplican los conceptos de inducción a las áreas de la inducción a las que da lugar esta forma de visualizar la organización. Así, se bosqueja y explora una inducción al área técnica (el quehacer organizacional); al área formal (su estructura, roles y procesos); al área informal (la comunidad de personas); el área paraformal (sus grupos y coaliciones de poder); y al área ritual (su historia, sus ceremonias, sus emblemas y sus figuras significativas).

El capítulo cuarto se enfoca en el inducido: el bagaje cultural con el que llega –su propia cultura personal y los residuos de las culturas de las organizaciones de las que ha formado parte en el pasado– así como sus expectativas personales y el contrato psicológico resultante y que, sumados todos, constituyen el sustrato en el que habrá de realizarse la inducción.

El capítulo quinto está centrado en el proceso de inducción propiamente dicho. Describe un proceso anclado en las necesidades y las características personales del inducido y en la cultura propia de la organización. Analiza las actividades a realizar; propone enfoques para su evaluación; y sugiere un elenco de participantes en el proceso. Propone la figura de un mentor interno que, con su experiencia en la organización, facilite los aspectos informales, personales y silentes de la inducción.

Finalmente, el capítulo sexto bosqueja algunos de los problemas generados por una inducción inapropiada, sea por sobre socialización por una socialización incompleta o sobre focalizada; así como otros problemas adicionales relacionados.

1. El concepto de inducción

La inducción –el proceso formal de socialización de una persona a la cultura y a las subculturas de una organización– se da o debe darse formalmente en todos los momentos de transición en la carrera organizacional de esa persona.

Esta inducción puede constituir uno de los pilares fundamentales de la efectividad organizacional dado que tanto su estabilidad como su productividad dependen en gran medida en la manera en la que dichas personas en transición desempeñan eventualmente su trabajo y realizan sus tareas (Van Maanen, 1978).

El primer momento de transición –y uno de los más determinantes en toda la carrera organizacional de una persona– se da precisamente cuando, reclutada externamente, ingresa por primera vez en la organización.

De hecho, la mayoría de los trabajos se enfocan únicamente en esta transición y asocian el término de inducción exclusivamente con la socialización inicial de los reclutas.

Sin embargo, toda transición, requiere de procesos equivalentes e igualmente formales de socialización para facilitar la integración al nuevo puesto o tarea y asegurar dentro de lo posible esa estabilidad y productividad organizacionales. Es decir, toda vez que la persona es ascendida, transferida, resituada, etc. dentro de la organización, será indispensable un proceso de inducción.

Adicionalmente, Van Maanen (1978) propone seis estrategias potenciales para la socialización, aplicables a toda inducción dependiendo de la naturaleza y del tipo de organización de la que se trate. En realidad se trata de seis continuos en cuyos extremos se encuentran las opciones opuestas.

Así se habla de socialización individual versus colectiva; de socialización formal versus informal; de socialización en serie versus discontinua; de socialización secuencial versus aleatoria; de socialización fija versus variable; de socialización de continuidad versus de ruptura.

Estas estrategias buscan cubrir toda la gama posible de organizaciones: desde las empresariales, a las educativas, a las religiosas, a las de seguridad, etc. y de los contrastes entre sus diversos procesos de inducción y sus variantes, dependiendo de los roles que vayan a ocuparse.

1.1 La inducción inicial

La inducción es *el proceso organizacional expresamente diseñado y ejecutado para facilitar, orientar y –por lo menos parcialmente– controlar la incorporación de nuevos miembros en el seno de una organización.*

Es un *proceso organizacional* tanto por ser un conjunto diferenciado de actividades y tareas establecido y estructurado como parte del repertorio de respuestas organizacionales o procedimientos de operación estándar; como porque quienes lo ejecutan, actúan no a nombre propio, sino como agentes de la organización.

Está *expresamente diseñado y ejecutado* porque a diferencia de otras instancias de socialización (por ejemplo, un cambio de barrio o de ciudad) que pueden surgir espontánea y naturalmente, el proceso de inducción es la parte organizacionalmente deliberada y dirigida de la socialización inicial de los nuevos empleados a la organización

Para *facilitar las actividades* porque la incorporación de nuevos miembros en toda organización es un proceso de desextranjerización y de aceptación mutua, lento y difícil. El proceso de inducción es, por una parte, con su mera existencia, un reconocimiento de las dificultades y peligros de esta transición; y por la otra, un recurso que disminuye la incertidumbre y la ansiedad de los nuevos miembros, respecto a la organización, sus puestos, sus colegas, sus jefes, etc.

Para *orientar el proceso*: Esta parte organizacionalmente deliberada de la socialización inicial está, también organizacionalmente, dirigida o encaminada hacia aspectos que la organización considera como valiosos, esenciales o deseables. En este sentido, la inducción constituye una socialización inicial selectiva, y no necesariamente global o total.

Y –por lo menos parcialmente– controlar: Como un cierto grado de socialización y adaptación de los nuevos empleados a la organización es, en alguna medida, eventualmente inevitable –aún y cuando la propia organización no ofreciera un programa de inducción– el establecimiento de un programa de inducción le permite a la organización tener un determinado control, tanto sobre los contenidos de la socialización inicial, como del ritmo, costos y riesgos organizacionales de ésta. Sin embargo, dado el número de variables que intervienen en este tipo de procesos, la organización solo puede aspirar a un control meramente parcial del proceso de socialización y adaptación.

La incorporación de nuevos miembros: La transformación de una persona externa en un miembro integral, constitutivo, de la organización es el objetivo fundamental del proceso de inducción. Es esta transformación la que permite que "uno de ellos" se vuelva "uno de nosotros", tanto desde la perspectiva de quien llega, como desde la perspectiva de quienes lo reciben.

En el seno de una organización: Para que esta transformación suceda plenamente es indispensable que la incorporación no se limite a estructuras organizacionales y puestos o roles; jefes y grupos de trabajo; actividades y tareas; etc., sino que se llegue a compartir la cultura propia de la organización, sus valores, sus premisas, sus supuestos, su manera de ver, comprender y hacer las cosas.

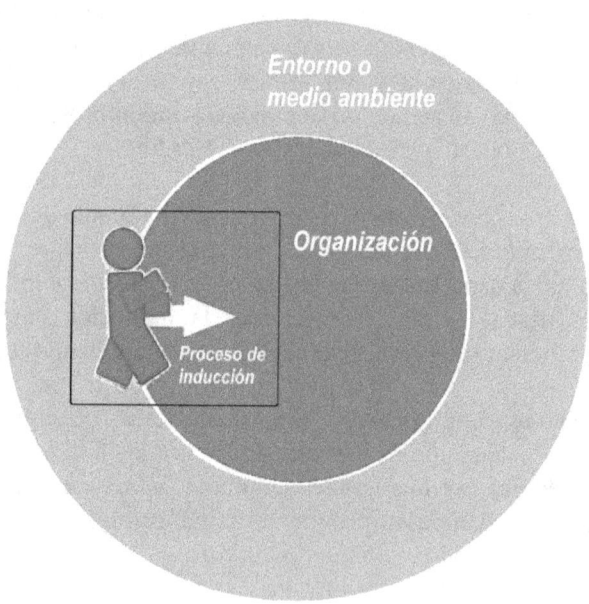

Así, el objetivo final, tanto del proceso de inducción, como de procesos administrativos posteriores es, en última instancia, facilitar y agilizar la incorporación integral del nuevo empleado a la cultura de la organización: a la manera particular que tiene la organización para percibir y valorar la realidad; para percibirse, comprenderse y valorarse; para identificar, enfrentar y resolver sus problemas; etc. La incorporación, entonces, a la manera particular que tiene la organización para hacer la cosas.

Esta incorporación inicial implica, por lo tanto, un proceso integral que permita que el nuevo empleado eventualmente comparta, automática e incuestionadamente, las premisas, las prácticas, los supuestos y los valores que fundamentan y que generan la cultura y los comportamientos característicos de la organización.

Paradójicamente, el proceso de inducción tiene que cuidar, al mismo tiempo, que no se induzca y estandarice a los nuevos miembros al grado de que atrofie las diferencias creativas, valiosas y significativas que puedan traer esos nuevos miembros a la organización y con las cuales fomentar la incorporación de nuevas maneras de pensar y de hacer las cosas y enriquecer con ellas a la propia organización y a su cultura.

El proceso de inducción, en suma, le permite a la organización conducir algunos de los aspectos centrales de la socialización y adaptación iniciales de sus nuevos recursos humanos, incrementando las probabilidades de su eventual incorporación armónica, eficiente y efectiva a la organización como un todo –sin, por ello, imposibilitar su contribución personal a su desarrollo.

Todo el proceso de inducción, como todas las demás actividades de la organización reflejan necesariamente el perfil dimensional de la organización (Ortega, 2016), es decir, el perfil de valores, premisas y supuestos propios de su cultura particular.

Y aunque, al compartir el medio ambiente en el que ambos, recluta y organización están insertos, habrá, en las culturas de ambos, elementos que les son comunes, es probable que, al entrar en contacto, se dé un primer choque cultural en la medida en la que la cultura de la organización no coincida ni con la cultura personal del recluta ni con la cultura de la organización en la que previamente estuvo empleado, si alguna.

En suma, aunque se desglose de muy diversas maneras, el proceso de inducción no es otra cosa que el proceso de socialización en una nueva cultura organizacional, sus valores, sus premisas, sus supuestos y sus comportamientos aceptados y esperados (Van Maanen, 1975; Van Maanen y Schein, 1979), así como a las subculturas específicas de las áreas funcionales, departamentales o geográficas a las que se haya asignado a la persona.

1.2 Inducciones posteriores

La *inducción integral*, sin embargo, no se limita a la inducción inicial de los nuevos reclutas, sino que comprende todas las transiciones, transferencias o ascensos de la persona durante su tiempo en la organización.

La inducción inicial atiende la incorporación de los nuevos reclutas a la organización y su cultura como un todo, tanto en extensión como en profundidad. Ésta es la que se busca realizar para convertir a un extranjero organizacional en un miembro de la organización y generalmente ésta es a la que enfoca la mayoría de los trabajos en torno a la inducción.

Adicionalmente, la inducción sigue siendo una necesidad en la totalidad de las transiciones que la persona pueda tener dentro de la organización. Estas transiciones pueden referirse a ascensos, movimientos laterales, cambios de área o departamento, etc. Ésta es la que generalmente no se atiende porque se supone que la persona, al estar dentro de la organización y no ser ya un extranjero, no la necesita.

Y, sin embargo, es indispensable que se realice, por las mismas razones que se realiza la inducción inicial: para facilitar el proceso de integración de la persona a su nueva subcultura; a su nuevo trabajo y a sus nuevos compañeros; disminuir su incertidumbre y ansiedad; fortalecer su sentido de pertenencia; y optimizar sus resultados laborales.

Aunque la persona ya comparta la cultura organizacional como un todo, cada área funcional, cada nivel jerárquico, cada región geográfica tiene su propia subcultura, en la que debe socializarse plenamente a la persona ascendida, reubicada, transferida, etc. por lo que el concepto de extranjería se seguiría aplicando, ya no a la cultura como un todo sino a esa subcultura en lo particular.

Asimismo, atiende todos los demás cambios que, adicionalmente, se hayan dado por el ascenso, reubicación, transferencia, etc. del inducido; incluyendo la familiarización con su nueva localidad y medio ambiente, cuando se haya dado una mudanza geográfica.

La atención a todas estas transiciones puede ser determinante para que eventualmente las personas involucradas tengan éxito en sus nuevas asignaciones o tareas.

Suelen darse casos de individuos que han sido ascendidos por su efectividad y su éxito en el desempeño de su puesto actual que acaban no siendo efectivos en su nuevo puesto porque siguen operando con las premisas, supuestos, valores y comportamientos de la subcultura previa en vez de los de la nueva subcultura porque precisa y paradójicamente asocian directamente esas premisas, supuesto, valores y comportamientos con la efectividad y el éxito que personalmente han tenido.

Como la percepción de éxito constituye la pieza final clave para la cimentación de una cultura, una subcultura o de un cambio cultural (Gagliardi, 1986; Ortega, 2016), existe una tendencia muy fuerte, por parte de quienes han tenido éxito y han sido ascendidos por ello, a mantener esa cultura o subcultura que asocian con su éxito.

Su fidelidad a esa subcultura, sin embargo, suele ser contraproducente si buscan integrarse a una subcultura diferente. El objetivo de la inducción en estos casos es semejante al de la inducción inicial: incorporar a la nueva subcultura y disminuir los residuos de la subcultura previa.

Dentro de este tipo de inducciones quedan también incluidos los casos en los que las organizaciones definen con claridad carreras organizacionales de ascenso en las que se define desde el primer momento o punto de entrada los puestos y las tareas que constituyen cada carrera dentro de la organización así como los estándares de evaluación para pasar de un estadio al siguiente.

Por ilustrarlo de alguna manera, la organización tendría claramente definidos los pasos y los caminos que tienen que seguir el nuevo ayudante de contador que aspire en convertirse un día en director administrativo y, finalmente, en director general.

Lo mismo podría ser cierto, aunque el camino diferente, para el nuevo técnico que quiera llegar a la dirección general a través de gerencias y direcciones técnicas o de operaciones; o para el nuevo vendedor que busque llegar a director comercial; etc.

Y es, asimismo, aplicable –por seguir el ejemplo– para un ayudante de profesor que aspire llegar a profesor-investigador del más alto nivel y, potencialmente, a rector.

Quizás el ejemplo más claro, que normalmente no se asocia a la inducción aunque evidentemente lo sea, se trate del proceso de inducción para llegar a ser médico, abogado, ingeniero, etc., en el que el camino queda claro desde el inicio, así como los estándares de evaluación en cada una de sus etapas.

Incluso, muchas instituciones educativas tienen programas de inducción, etiquetados con otro nombre, para facilitar la integración del alumno que viene del nivel escolar previo, para que pueda integrarse con mayor facilidad y éxito al nivel al que ahora ingresa.

Es patente que el alumno ingresa plenamente socializado en la cultura general del aprendizaje institucional escolarizado; pero la subcultura de cada nivel educativo puede ser radicalmente diferente tanto del previo como del subsecuente. Y eso es precisamente lo que estos programas buscan atender.

Aunque en todos estos casos se dan los cambios de subculturas previamente discutidos, la visión y las expectativas a largo plazo presentes desde el inicio, le dan, en estos casos, un giro diferente al proceso de inducción como un todo.

1.3 Estrategias de inducción

Como se ha dicho, John Van Maanen propone seis estrategias diferenciadas para la socialización o la inducción, cuya efectividad depende tanto de la naturaleza y el tipo de organización (empresarial, educativa, penitenciaria, religiosa, militar, etc.) de que se trate como de la perspectiva innovadora o conservadora en relación con las tareas, el puesto y la cultura a los que se está dando la inducción (Van Maanen, 1978).

Estas estrategias atienden el a quién; el para qué; el a qué grado; y el cómo del proceso de inducción y claramente se especifica que no todas son igualmente aplicables a todo tipo de organización ni a toda forma o nivel de inducción.

Estas estrategias analizan las opciones para la socialización o la inducción así como algunos de sus resultados o consecuencias potenciales.

Estas estrategias pueden ser de socialización colectiva o individual; formal o informal; en serie o discontinua; secuencial o aleatoria; fija o variable; de continuidad o de ruptura.

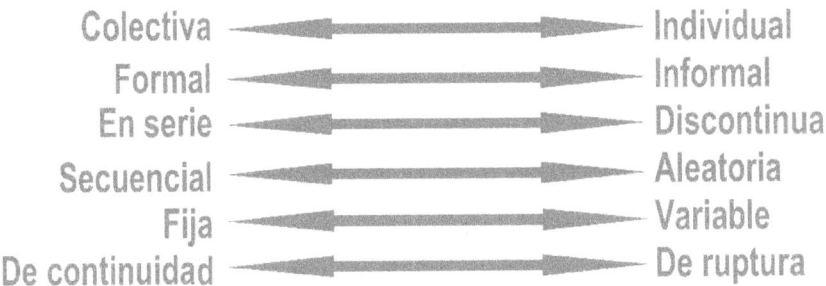

(Adaptado de Van Maanen, 1978)

La socialización colectiva se enfoca en el grupo completo de reclutas y a todos juntos se les somete al mismo tipo de experiencias comunes. La individual, por el contrario, atiende a cada recluta aisladamente y en lo individual y se le ofrecen experiencias que pueden ser exclusivamente para él.

En la colectiva, la socialización se magnifica y se fortalece por las interacciones internas que necesariamente se dan entre el grupo de reclutas. Y es quizás la más frecuente en organizaciones militares, educativas, empresariales, etc. En la individual, cada recluta puede recibir la inducción de manera personalizada de acuerdo a sus necesidades específicas y suele ser el tipo de inducción en los llamados entrenamientos en el trabajo.

La socialización formal separa a los reclutas del resto de los miembros de la organización y así los etiqueta –ése es su rol– mientras se les somete al proceso de inducción. La socialización informal, en cambio, no etiqueta a los reclutas con ese rol; los mezcla con los demás miembros regulares de la organización; y los convierte, en parte, en agentes de su propia socialización.

La formal, es una socialización que tiene bien definido los pasos que deben cubrirse para estar preparado para el rol o función, al tiempo que, al separar y etiquetar a los reclutas permite su observación y evaluación por parte del personal más experimentado. La informal, es una socialización sobre la marcha, en la que los reclutas trabajan con el resto del personal y pueden estarse guiando por las necesidades particulares de cada uno de los reclutas, más que siguiendo un programa general.

La socialización en serie se refiere a la inducción directa del recluta por parte de la persona a quien va a reemplazar. El inductor no sólo le sirve de mentor y de modelo, sino que asegura una continuidad del rol cuasi hereditaria. Cuando los reclutas no tienen ese modelo directo ni siguen los pasos de sus predecesores inmediatos se habla de una socialización discontinua.

La socialización en serie es la que generalmente se utiliza cuando un Director General prepara a sus sucesor –proceso que puede llevar meses, sino años y en muchos casos abiertamente anunciado. La discontinua, en cambio, queda claramente ilustrada en los puestos de nueva creación, en los que no existe un modelo previo, por lo que su primer titular sienta las bases para lo que, en el futuro, se convertirá en la subcultura particular del puesto o del área.

La socialización secuencial o aleatoria se refiere al continuo en el que se sitúa el grado de especificidad con el que la organización define los pasos o las etapas para llegar a ocupar un puesto o nivel. Entre más precisas y fijas son estas etapas será más secuencial; entre más ambiguas, cambiantes, o imprecisas, será más aleatoria.

La secuencial, es la socialización que requiere de ir alcanzando etapas en un proceso en el que cada fase constituye la base para la fase subsecuente, como suele darse en las organizaciones educativas, en las organizaciones militares, etc. La aleatoria, es la socialización que requiere que la persona sea expuesta a diversas experiencias no necesariamente relacionadas o estructuradas, como suele darse en las organizaciones empresariales para la formación de gerentes generales.

La socialización fija o variable depende de la situación en el continuo dependiendo cuán transparente, definida y clara es la calendarización de las fases o etapas del proceso. Entre más lo sea, será más fija; entre menos lo sea, más variable. La socialización variable empodera a quienes socializan para unilateral y tal vez subjetivamente, decidir la suerte de los reclutas.

Los ejemplos más claros de socialización fija suelen ofrecerlo las organizaciones educativas, que establecen un número de años y una serie de estándares mínimos para recibirse como abogado, arquitecto, nutriólogo, etc. La socialización variable suele darse en los puestos organizacionales más altos, donde las personas no tienen idea de cuándo puede ser que lleguen a ocuparlos. Por ejemplo, directores de área o director general en organizaciones empresariales; rectores o directores de facultad en organizaciones educativas; etc.

Finalmente, la socialización de continuidad o de ruptura se da en la medida en la que la organización realice la inducción a partir de lo que la persona es, lo valore y por lo tanto construya sobre ello; o requiera primero borrar todo lo previo para construir sobre una tabula rasa.

La socialización de continuidad es una de las más frecuentes porque la organización recluta precisamente a aquéllos que tienen las cualidades y las habilidades sobre las que se quiere construir. Quizá una de las más claras es la de las organizaciones deportivas, que contratan jugadores famosos precisamente por lo que son y pueden aportar con ello. La socialización de ruptura prevalece en las organizaciones que buscan rehacer a la persona de raíz, para formar exactamente a la persona que buscan. Suele darse en los noviciados de organizaciones religiosas; en los adiestramientos que se dan a los reclutas en las organizaciones militares; en algunas organizaciones educativas que preparan personal para el sector salud; en las organizaciones penitenciarias con los internos de primer ingreso; etc. (Van Maanen, 1978; Van Maanen y Schein, 1979).

Debe ser evidente que muchas de estas estrategias no necesariamente se excluyen unas a las otras ni que, tampoco, todas son posibles en todas las organizaciones.

De hecho, es frecuente, que de acuerdo con el tipo y la naturaleza de la organización varias de estas estrategias se utilicen en combinación durante el proceso completo de inducción.

2. La organización multidimensional

En tanto proceso integral, la inducción atiende todas las dimensiones del comportamiento y la cultura organizacionales (Ortega, 1982; 2015a; 2016), así como las relaciones e interacciones entre estas cinco dimensiones.

Para el diseño y la administración del proceso de inducción, sin embargo, se vuelve indispensable conceptualizar separadamente la organización en cada una de esas dimensiones para establecer con claridad cada una de la áreas de inducción e identificar las relaciones e interacciones entre ellas, aunque debe ser evidente que sólo atendiéndolas todas en su totalidad y en su interacción sistémica, podrá generarse un proceso de inducción verdaderamente integral.

La organización multidimensional puede verse, así, como cinco organizaciones diferentes, a veces *parcialmente superpuestas y no siempre complementarias:* la organización como agente o instrumento, desde la dimensión racional; la organización como estructura y procesos, desde la dimensión estructural; la organización como comunidad, desde la dimensión personal; la organización como grupos de poder, desde la dimensión política; y la organización como entidad significante, desde la dimensión simbólica.

Dado que desde la perspectiva dimensional la organización es, en última instancia, todas y cada una de estas organizaciones diferentes, esta visión permite primero diferenciar para luego integrar estas cinco áreas resultantes.

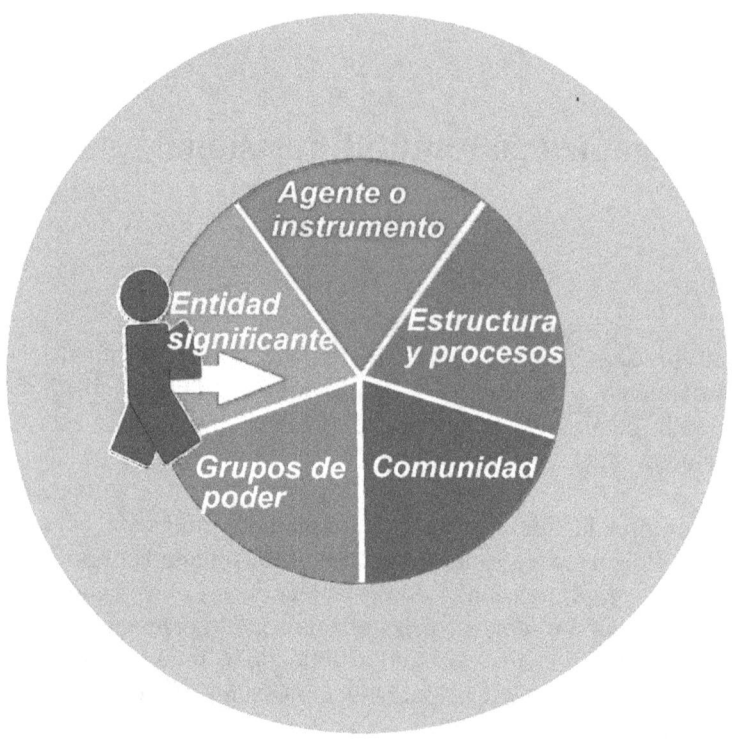

Aunque para facilitar su comprensión se presenten de manera independiente y separada, debe ser evidente que las cinco no sólo siempre están presentes, sino que están continuamente interactuando unas con otras.

2.1 La organización como agente o instrumento

Todas las organizaciones, sean públicas o privadas, sean productivas, voluntarias o de servicios, tienen un producto o servicio que ofrecer –que se obtiene o se genera a través de medios técnicos más o menos definidos (Thompson, 1967) con los que la propia organización se identifica.

Todas las acciones organizacionales, incluyendo a la organización misma, no son sino el medio, el agente o el instrumento racionalmente óptimo (y, por lo tanto, potencialmente transitorio) para alcanzar unos objetivos dados, es decir, para obtener esos productos o servicios. Cuando se descubra o se desarrolle un medio nuevo para mejor lograr esos objetivos el medio previo se desecha inmediatamente para ser substituido por el nuevo.

Como agente o instrumento, la organización se convierte en un medio que integra y relaciona causalmente los fines a alcanzar con las variables estricta y exclusivamente relevantes para alcanzarlos. Todos los demás aspectos o elementos presentes en el entorno y considerados como no relevantes, se contemplan simplemente como algo anecdótico y marginal.

En ese sentido, los seres humanos –como la organización misma– no son vistos como entidades independientes con un valor en sí mismos, sino como agentes para el logro de esos fines –por lo que sólo aquellos atributos requeridos por estos agentes para lograr lo que buscan, se contemplan como variables relevantes.

Estas variables pueden incluir la inteligencia, la racionalidad, la experiencia, los conocimientos, etc. de las personas; y los recursos, la flexibilidad, la adaptabilidad, el saber hacer, los aprendizaje previos, etc. de las organizaciones.

Por ello, en tanto agente o instrumento, para la organización, los sentimientos, los deseos, las aspiraciones, los miedos, etc. de los seres humanos; o la estética de los edificios, las alfombras de las oficinas, etc. de las instalaciones organizacionales no son sino anécdotas irrelevantes para los fines a lograr.

Los datos duros y la información directa y sin adornos son centrales, no sólo para la comunicación entre todos quienes participan conjuntamente para el logro de fines y objetivos, sino para la evaluación de resultados y para la retroalimentación indispensable de todo lo que se hace.

La organización, desde esta perspectiva se enfoca, así, en resultados y logros y en la efectividad y en la eficiencia en su consecución. Todo lo demás es secundario. Por ello, a veces, los comportamientos organizacionales podrían verse –desde fuera– como insensibles, amorales o sin inercia.

Acentúa los aspectos estrictamente racionales (del mundo, de la organización, de las personas y de las interacciones personales; así como las relaciones causa-efecto) y se enfoca en la consecución inmediata de los fines y objetivos organizacionales, a través de los medios tecnológicamente más efectivos y eficientes en un momento dado.

2.2 La organización como estructura y procesos

Por otra parte, tanto durante la implantación de esos aspectos instrumentales como en etapas de operación posteriores, las organizaciones establecen y desarrollan una serie de procesos y estructuras y de roles o puestos (Weber, 1944) también con diversos grados de definición, que responden a la división e integración del trabajo y contribuyen a aislar y proteger al área técnica de los vaivenes e incertidumbres del medio ambiente (Parsons, 1960), al tiempo que la proveen de los recursos indispensables y disponen de sus productos terminales.

Todas las acciones organizacionales se insertan en su repertorio de procedimientos de operación estándar que han sido previamente definidos, codificados, denominados, catalogados, enumerados y donde es posible, digitalizados o computarizados.

Asimismo, todas las personas se insertan –y se convierten– en un puesto o un rol con una descripción precisa de funciones, atribuciones y responsabilidades que deja fuera todas sus demás características y atributos personales no concernientes a ese rol.

En otras palabras, la persona es vista como un conjunto de roles separados e independientes –sean internos (contadora, secretaria, gerente, directora, etc.) o externos y personales (madre, esposa, amiga, comadre, vecina, etc.), cada uno con su propia descripción precisa de funciones y expectativas, estén o no escritas. Para la organización, sin embargo, el único rol que cuenta es el que se desempeña dentro de ella y por concebirse como independiente y separado de los demás roles, se espera que éstos no lo influencien ni afecten.

De acuerdo con sus propios procesos, la organización establece un vocabulario específico que facilita la comunicación y que, al aplicarlo a acciones o a personas, se convierte no sólo en verdaderas etiquetas sino en indicadores que las sitúan dentro del contexto organizacional. Así, en el momento en que se etiqueta, queda muy claro no sólo el lugar de la acción o de la persona en el todo, sino lo que organizacionalmente tiene que hacerse con ellas.

En el momento en que una persona es etiquetada, tanto su rol como los procesos a los que debe someterse quedan perfectamente definidos: Piénsese, por ejemplo, en la persona etiquetada como "paciente", "médico" o "enfermera" en un hospital; como "interno" o como "custodio!" en una prisión; como "cliente" o "proveedor" en una tienda; como "ciudadano" o "indocumentado" en un país; como "cuentahabiente" o como "deudor moroso" en un banco; como "piloto", "pasajero", o "terrorista" en un aeropuerto.

En suma, la organización es un conjunto de roles –ocupados por personas actuando sólo en función de esos roles– estructurados en torno a una serie de procesos y procedimientos de operación estándar fijos y estables –con estándares generales e impersonales de cumplimiento.

En contraste con la perspectiva de la organización como agente o instrumento en la que todo se contempla como racional, inmediato, automático y sin inercia; desde la perspectiva de la organización como estructura y procesos, todo se contempla, por el contrario, como fijo, definitivo, y previamente codificado.

Esto exige el dominio y la maestría de procesos, de funciones y de roles; así como habilidades para apegarse a normas, para el desempeño estricto de un puesto o rol y para el cumplimiento de tareas y de procesos; y se valoran como los atributos esenciales para quienes laboran en ella.

Acentúa los aspectos estructurales –y, en cierta medida, psicomotores– de la división del trabajo y se enfoca en el cumplimiento de las tareas propias de cada parcela laboral, puesto o rol; y en la observancia de los lineamientos estructurales y procesales indispensables para coordinar todas esas parcelas (organigramas, manuales de funciones, políticas, reglamentos, normas, etc.).

2.3 La organización como comunidad

Sin embargo, esos roles y esas estructuras no alcanzan ni a neutralizar ni a encubrir los rasgos individuales característicos de las personas que ocupan esos roles, realizan esos procesos y se sitúan en esas estructuras (Argyris, 1957; Feldman, 1976; Herzberg, 1964; Levinson et al, 1962; Lewin et al., 1939; Mayo, 1945; Maslow, 1970).

Estos individuos se integran a la organización como personas con sus necesidades y sus prejuicios; con sus capacidades y sus aspiraciones individuales; con sus propios motivadores y satisfactores; etc. –que no necesariamente dejan o pueden dejar atrás al ocupar un puesto o asumir un rol, sean o no relevantes para la organización o para ese puesto o rol.

Para ellos, la organización es una comunidad, una entidad social con un valor en sí misma como agrupación de personas, independientemente de lo que se haga en ella o de lo que se logre; una organización a la que dedican parte de todo lo que son y una parte considerable de sus vidas; donde conviven con otras personas con quienes tienen diversos grados de familiaridad y empatía.

Como comunidad, la organización se convierte en un hábitat que ofrece las condiciones y los satisfactores sociales necesarios y potencialmente valiosos para las personas que la integran, en tanto seres humanos.

En tanto comunidad o grupo humano, se establecen estructuras informales de relación, interacción e interdependencia social, con sus propios canales de información y sus propios sistemas de premios y castigos..

Estas estructuras informales pueden ser determinantes no sólo para el logro de objetivos y el cumplimiento de procesos organizacionales sino para la motivación personal, el clima de trabajo y los satisfactores humanos que las personas deriven de convivir y trabajar en la organización (Mayo, 1945).

Por una parte, para quienes las habitan, estas estructuras informales están más vivas, son más reales y los afectan más en su cotidianidad no sólo como personas sino como empleados, que las estructuras formales de la organización.

Por la otra, en tanto estructuras, por informales que sean, tienen las mismas características de las estructuras formales en el sentido de integrar también roles (los amigos, los confidentes, los difíciles, los incumplidos, los estrictos, etc.) y procesos (de integración, de desafuero, de premiación, de castigo, etc.).

En suma, esta perspectiva acentúa los aspectos personales y sociales del trabajo y del trabajador; y se enfoca en la auto–realización de la persona en cuanto ser humano y en relación con otros seres humanos; en el conjunto de intereses, motivaciones y objetivos personales; en la red de relaciones informales que constituyen la organización; y en ésta como entidad social con un valor en sí misma.

2.4 La organización como grupos de poder

Pero mientras haya seres humanos, márgenes de maniobra, intereses personales y grupales, habrá poder y este poder no invalida en absoluto los aspectos instrumentales, estructurales o personales y comunitarios previamente discutidos, sino que se suma a ellos como otra estructura, una estructura de poder aparte y paralela.

El manejo de los recursos, el control de la información, la capacidad técnica insustituible de algunas personas, las jerarquías organizacionales, la capacidad para otorgar premios y castigos, el margen de maniobra en la aplicación de reglamentos y normas, las agrupaciones sindicales, la habilidad o la capacidad de algunos para controlar los comportamientos de otros, etc., aunados a la natural diversidad de intereses y de metas de las diferentes unidades y personas que constituyen la organización (Crozier, 1964; Etzioni, 1966; March y Simon, 1958; Pfeffer, 1994) generan redes de poder que fortalecen o debilitan grupos o coaliciones; constituyéndose en estructuras de poder, paralelas a las estructuras formales e informales pero a las cuales afectan directamente.

En tanto grupos de poder, la organización integra grupos de interés aglutinados en alianzas o coaliciones que abierta o encubiertamente están continuamente negociando la salvaguarda de sus intereses.

Desde esta perspectiva, por ejemplo, Crozier (1964) considera que las personas laborando en una organización en realidad operan como 'agentes libres' que están continuamente negociándolo todo, incluso su permanencia en la institución y su cumplimiento de tareas y responsabilidades, aunque estas negociaciones se den, generalmente, de manera encubierta.

En cierto sentido, tanto el liderazgo transaccional como el liderazgo transformador pueden verse como negociaciones continuas, mediante el intercambio, en el primer caso, de conductas esenciales a cambio de satisfactores básicos; y, en el segundo, de conductas creativas y transformadoras a cambio de visiones inspiradoras y satisfactores trascendentes (Bass, 1985; 1995; Ortega, 2018).

En suma, esta perspectiva acentúa los aspectos del poder, sus fuentes y sus usos; la distribución y el manejo de fuerzas; la administración del conflicto, y la formación de grupos de intereses en la organización y se enfoca en las negociaciones, coaliciones y productos resultantes de dicho poder y su manejo, y en las redes intra y extra organizacionales generadas por éstos.

2.5 La organización como entidad significante

Además de todas sus caracterizaciones previas, el ser humano es también "un animal simbólico" (Cassirer, 1978) que se relaciona con los demás y con las cosas no por lo que son sino por las opiniones e imágenes que él mismo se ha formado sobre ellos. Es decir, se relaciona no con lo que son sino con lo que le significan y simbolizan.

Los procesos organizacionales pueden acabar convirtiéndose en rituales; las personas, en héroes; en villanos, o en figuras míticas que han salvado o hundido a la organización en su momento. La historia organizacional puede tener rasgos de leyenda y el logotipo, ser un símbolo muy importante para propios y extraños. En suma el valor de todo no radica en lo que es, sino en lo que significa.

Desde esta perspectiva, la organización se convierte en una entidad significante integrada por ritos y ceremonias, investiduras, etc.; por símbolos que tienen un significado y un valor en sí, no sólo para los miembros de la organización sino también para su entorno.

Y, en cierta manera, todos las demás perspectivas de la organización, cómo agente o instrumento; como comunidad; como estructura y procesos; y como grupos de poder. se aglutinan gracias a la sacralización de ciertas actividades (acuerdos, evaluación del desempeño, negociaciones laborales, etc.), en ritos y ceremonias; de ciertas personas (el fundador, el mejor vendedor, el salvador financiero, el catedrático innovador, etc.), en héroes; de ciertos antecedentes en la historia de la organización (la introducción de un nuevo producto, la selección del nombre, el nombramiento del primer rector, la selección del lugar para la planta, el diseño del logotipo de la empresa, etc.), en mitos y en leyendas; y de ciertos procesos (planeación estratégica, toma de decisiones) en magia (Deal y Kennedy, 1982; March y Olsen 1976).

Esta perspectiva acentúa, en suma, los aspectos significantes del trabajo y la organización, y se enfoca en el sentido generado tanto interna como externamente, por su personal, sus actividades, sus productos, sus símbolos, etc.

3. Áreas de la inducción

Para el diseño de un proceso de inducción que busque, efectiva y conscientemente, la incorporación del nuevo empleado a la organización como un todo (y no meramente a algunos de sus aspectos estructurales o procesales), se requiere, sin embargo, de una separación conceptual que permita atender –clara y objetivamente– todas y cada una de esas áreas generadas por la visión multidimensional de la organización, tanto en la individual como en sus relaciones básicas con las demás áreas.

Así, este proceso de inducción o incorporación inicial se realiza, explícita o implícitamente; planeada o impensadamente; casual o controladamente; a cinco áreas de inducción: técnica, formal, informal, paraformal y ritual.

El *área técnica* enfoca la organización desde la perspectiva de agente o instrumento con algunos aspectos complementarios de estructura y procesos. Se ocupa del qué, el para qué y el cómo de la organización; y atiende a la persona como agente para el logro de objetivos, ejecutor de una tarea y responsable de acciones específicas, por lo que incluye esos aspectos estructurales.

El *área formal* enfoca la organización desde la perspectiva de estructura y procesos con algunos aspectos complementarios de comunidad. Se ocupa del quiénes, en qué función o rol, en qué estructura y con qué responsabilidades; y atiende a la persona por su rol laboral, situada en un organigrama y en un nivel jerárquico interactuando con otros roles, lo que incide también en aspectos de su comunidad social.

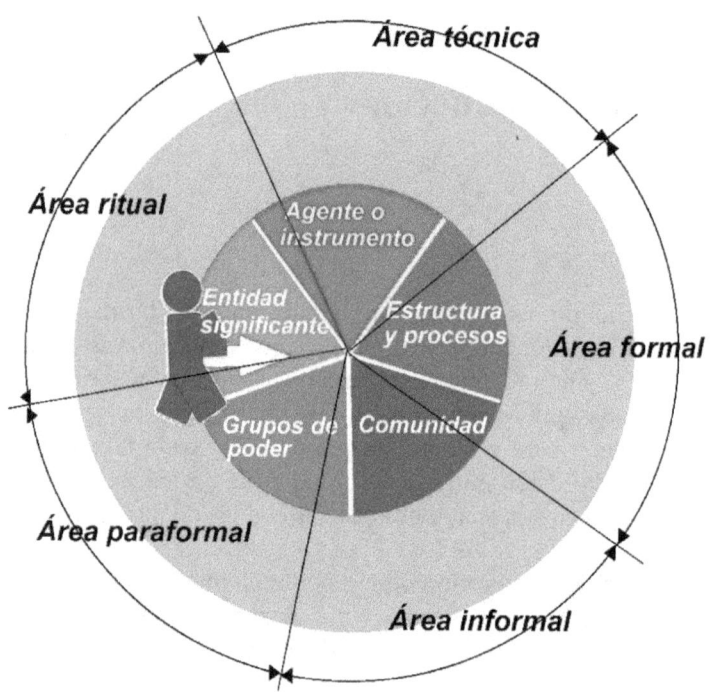

El *área informal* enfoca la organización desde la perspectiva de comunidad con algunos aspectos complementarios de grupos de poder. Se ocupa del quiénes en su aspecto personal y social; y atiende a la persona en tanto ser humano, sus necesidades, sus motivaciones y sus relaciones con los demás, por lo que incluye aspectos de poder, por los grupos o coaliciones de interés y de poder que inevitablemente se generan.

El *área paraformal* enfoca la organización desde la perspectiva de grupos de poder con algunos aspectos complementarios de la entidad significante. Se ocupa del quiénes en su aspecto político; y atiende a la persona como agente libre, negociando sus propios intereses; en alianzas, coaliciones y grupos de poder que oficialmente no existen por lo que tienen que manejarse de manera ritual y silente.

El *área ritual* enfoca la organización desde la perspectiva de entidad significante con algunos aspectos complementarios de la organización como agente o instrumento. Se ocupa del qué significa, cómo se entiende y qué sentido tiene lo que se es y lo que se hace; y atiende a la persona en su mundo simbólico donde la realidad vale por lo el sentido que tiene, incluyendo su significación como agente o instrumento.

3.1 Inducción al área técnica

La parte de la inducción que corresponde al área técnica busca compenetrar al nuevo empleado con los elementos y los aspectos lógico-racionales y técnicos de la organización, situándolo concretamente dentro de ellos; enseñándole, confirmándole o precisándole –según el caso– qué se busca lograr, por qué se hace así; cómo contribuyen sus habilidades y destrezas profesionales al logro de esos objetivos; explicitando su contribución específica al producto o servicio terminales; e indicando de quién debe recibir sus insumos, a quién entregar sus productos; y cómo evaluar sus aportaciones.

En sus aspectos instrumentales, la inducción al área técnica comprende los objetivos y metas a alcanzar por la organización; los medios que se utilizan para alcanzarlos; las razones por las que se han seleccionado dichos medios; las alternativas consideradas, si alguna; y las razones para el rechazo de éstas.

Se analizan la efectividad y la eficiencia de los medios actualmente utilizados, así como algunas de las posibilidades para su incremento y optimización, incluyendo los sistemas de medición y evaluación utilizados para determinarlos.

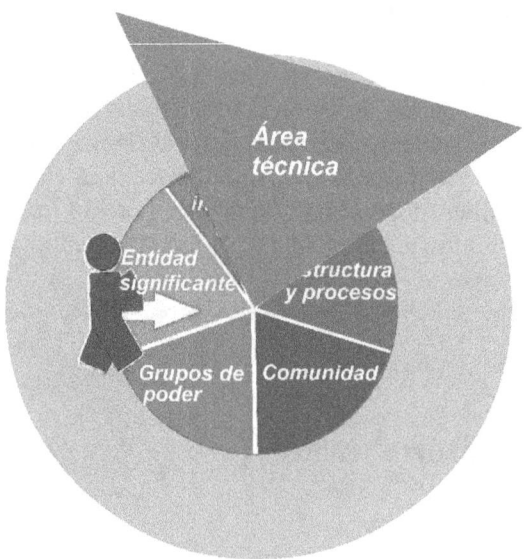

Se plantean los campos potenciales de desarrollo tanto en lo referente a medios como, especialmente, a objetivos y metas; así como al entorno estratégico en el que opera la organización; los cambios sufridos y los retos y oportunidades que ofrece; incluyendo, en su caso, las nuevas tecnologías.

Finalmente se sitúa el puesto o función del nuevo empelado, en los mismos términos instrumentales o de agente.

En sus aspectos de estructura y procesos, la inducción al área técnica comprende los aspectos normativos, estructurales y procesales del puesto o función; los ciclos organizacionales; las expectativas de cantidad y calidad; y los tiempos estándares para alcanzarlas. Se incluyen asimismo los tipos y la procedencia de los insumos que recibe y los receptores de sus productos.

Inducción integral

Área técnica

En el área técnica, mientras que los aspectos de estructura y procesos pueden requerir disciplina, estabilidad, predictibilidad y cumplimiento de normas, especificaciones y procesos; los aspectos de agente o instrumento, por su parte, pueden requerir todo lo contrario: apertura, creatividad, flexibilidad, riesgo.

Los primeros son indispensables para la certidumbre y eficiencia operativas y para el mantenimiento de la cultura organizacional actual. Los segundos son indispensables para la transformación organizacional y el desarrollo y actualización de su cultura. La tensión entre ambos puede ser una tensión creativa que beneficia tanto a la organización como al personal mismo. La inducción debe cuidar por tanto de no favorecer uno sobre el otro o de hacer alguno de los dos, imposible.

3.2 Inducción al área formal

La parte de la inducción que corresponde al área formal sitúa al nuevo empleado en el organigrama funcional de la institución, indicándole interrelaciones e interdependencias estructurales; canales y formas oficiales de comunicación; y áreas de jurisdicción organizacionales; al tiempo que lo sitúa –a partir de puestos y funciones– en la comunidad de personas que integran la colectividad.

En sus aspectos de estructura y procesos, bosqueja los niveles de autoridad y responsabilidad para el puesto o función y le enseña a quién debe reportar y, dependiendo de la situación o del problema, a quién acudir.

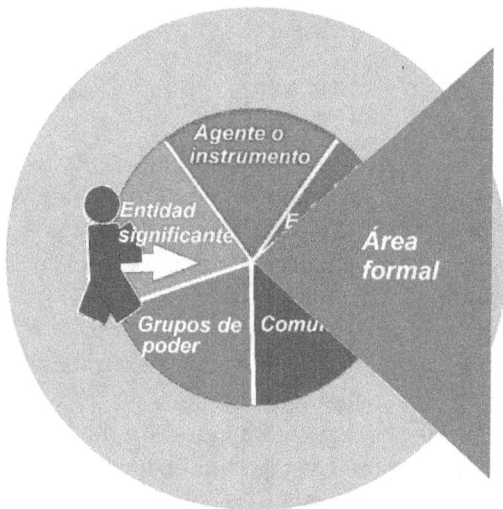

Constituye, asimismo, una introducción a las normas generales de trabajo; a los mecanismos y parámetros administrativos de evaluación o medición de su desempeño; a los procedimientos organizacionales generales y a los procedimientos particulares de administración de personal (lugar, fechas y formas de pago, prestaciones, etc.). Incluye, finalmente, los sistemas digitales en que se apoyan y con los se controlan y limitan todos los procesos organizacionales y que sirven asimismo para acotar la toma de decisiones y los márgenes personales de maniobra.

En sus aspectos de comunidad, constituye el punto de partida para la inserción del recluta en el grupo humano que constituye la comunidad organizacional a partir de los primeros contactos con colegas esenciales para su trabajo, contactos generados por sus roles respectivos pero que en tanto personas no quedan limitados sólo a ellos.

Inducción integral

Área formal

Se establecen así lazos de empatía entre los involucrados que pueden operar, potencialmente, como puertas a otras áreas de la comunidad; áreas y personas que, aunque no sean laboralmente relevantes para el nuevo empleado, suelen serlo humanamente como participante social miembro de esta nueva comunidad.

A partir de estos contactos se van estableciendo las redes informales de afinidades electivas que, eventualmente, constituyen el grupo social de referencia en la organización.

3.3 Inducción al área informal

Esas redes informales se amplían y se complementan con la parte de la inducción que corresponde al área informal.

Esta parte de la inducción no sólo busca integrar directamente al nuevo empleado con sus nuevos compañeros y grupos de trabajo, sino que busca también atender la incertidumbre propia de todo cambio y de todo nuevo comienzo y las inquietudes que pueda tener el recluta respecto a su nuevo empleo, la organización y las personas que en ella laboran.

Esta integración se da poniéndolo en contacto directo, informal y desestructurado con las personas con quienes habrá de convivir en la organización, sean o no sus colegas, subalternos o jefes directos. Estos contactos personales lo introducen, además, a las prácticas informales imperantes legitimadas por la comunidad –que pueden o no contradecir algunas de las normas o procedimientos ofrecidos en el área formal.

Al mismo tiempo se busca atender el lado humano del nuevo empleado, reduciendo los miedos y ansiedades que pudiera tener respecto a su nuevo trabajo, sus nuevos colegas, o su nueva institución.

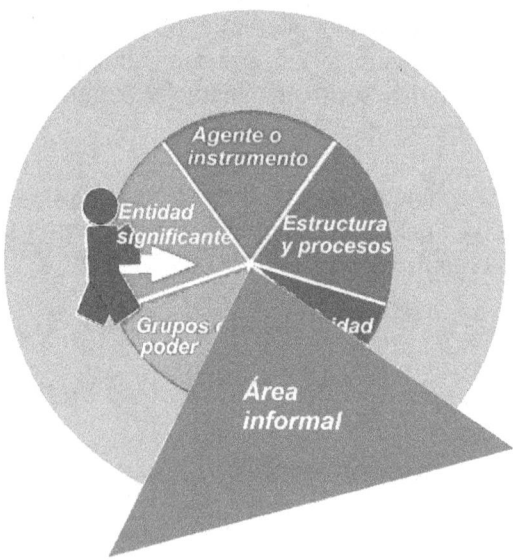

Esta inducción informal, suele apoyarse y fortalecerse con la asignación de un mentor organizacional efectivo, seleccionado de entre alguno de sus compañeros de trabajo con mayor experiencia, mayor empatía, y más claro potencial pedagógico, y al mismo tiempo con mayor aprobación personal de parte de la gente.

La aceptación de los nuevos reclutas como verdaderos miembros de la comunidad no se da ni inmediatamente ni en forma total ni, aún menos, por decreto de las autoridades de la organización. Y, por su importancia para la vida cotidiana en la organización de los nuevos empleados, es esencial que lleguen a sentirse a gusto como personas en el día con día, así como tener un sentido de pertenencia –no sólo en relación a la institución en cuanto organización, sino en cuanto comunidad social con un valor en sí misma.

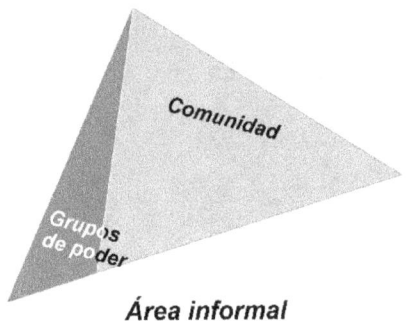

Área informal

La incorporación final de los nuevos miembros, en suma, es un proceso personal para ser aceptado que se enfrenta de manera individual a las cinco organizaciones diferentes integradas en una sola, de las que se ha hablado.

El personal existente al que el recluta busca incorporarse puede, por ejemplo y entre otras muchas cosas, ponerle a prueba sus conocimientos, su pericia o sus habilidades en el área técnica.

Y buscará, seguramente, probar su carácter, su lealtad para con los compañeros, su empatía, etc.; así como conocerlo también como persona, en su vida más allá del trabajo.

Asimismo evaluará su manera concreta de ejercer el rol para el que fue contratado y su capacidad para desvestirse de este rol cuando está fuera de funciones, en el área formal.

Puede también ponerle trampas en el manejo de roles o de procesos u otro tipo de pruebas para descubrir y evidenciar padrinazgos organizacionales; para determinar su poder real o potencial o para debilitarlo; o para facilitar la aparición de 'salvadores' que lo fuercen a establecer alianzas o someterse a ciertos grupos y no a otros, en el área paraformal.

Explorarán, finalmente, sus creencias organizacionales y laborales para identificar quiénes son sus héroes; cuáles son las hazañas –ya envueltas en mitos– que el recluta que trae consigo; y cuáles son las personas, los procesos y las cosas que más valora, en el área ritual.

3.4 Inducción al área paraformal

La parte de la inducción que corresponde al área paraformal, busca situar al nuevo empleado dentro de la estructura de poder paraformal de la organización.

El puesto o la función ya trae consigo un cierto grado de poder: su poder formal o poder legítimo (French y Raven, 1959). Pero cada persona genera su propio poder adicional dependiendo de lo que hace con sus márgenes de maniobra; los grupos a los que pertenece; la información que detenta; los recursos organizacionales de que dispone; etc. (Ortega, 2015).

Como en el manejo del poder, la información es poder, la inducción al área paraformal tiende a ser silente, indirecta e implícita: aunque se conozca perfectamente, por parte de los inductores, la estructura política real de la organización [organigrama paraformal], generalmente ésta no se explicita o define para los inducidos.

Lo que se hace en realidad es insinuar y apuntar hacia los caminos políticamente "aceptables" para la organización, sin denominarlos como tales.

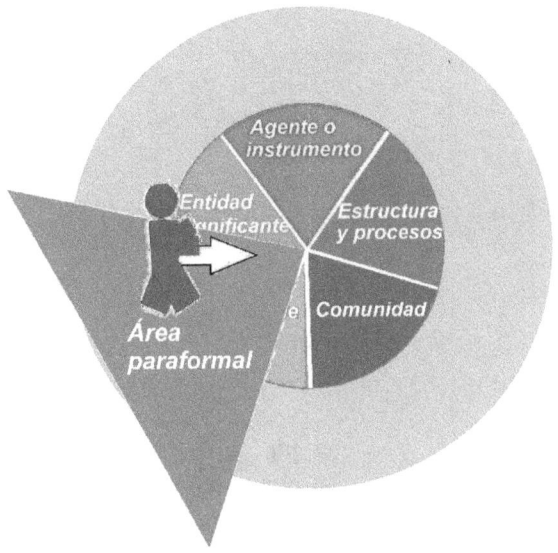

Incluso, puede ser que se rinda 'homenaje verbal' a las personas, grupos, o coaliciones de los que, precisamente, se busque alejar al nuevo recluta, al tiempo que se le ofrecen las alternativas deseables (grupos o coaliciones "aceptables") de apoyo y solución.

En los casos en los que el proceso de inducción se apoya en un mentor interno, éste suele ser una figura clave en la educación política del recluta haciéndole una radiografía de los grupos organizacionales de poder, en privado y en confianza.

Precisamente por su doble naturaleza indirecta y silente, la inducción a los grupos de poder suele tender a apoyarse en las figuras señeras de la organización-como-entidad-significante, asociándola a héroes, a hazañas y a victorias; y alejándola de villanos, enemigos y derrotas.

Los grupos de poder pueden integrarse de manera contra intuitiva. No necesariamente coinciden con etiquetas o fronteras laborales, sindicales, profesionales o jerárquicas; sino por intereses comunes.

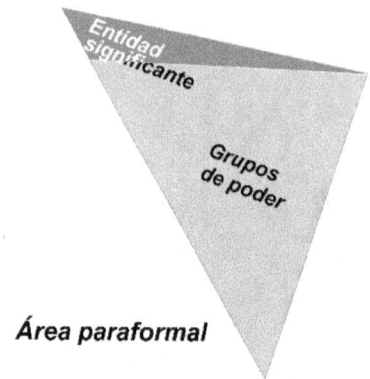

Crozier (1964) describe, por ejemplo, un caso en el que eran los administradores quienes empujaban por la renovación tecnológica de su empresa mediante la compra de nueva maquinaria y los ingenieros quienes se oponía –porque perderían su poder si dejaban de tener el monopolio del conocimiento que tenían sobre unas máquinas de las que ya no existían manuales y ser ellos, por lo tanto, los únicos que podían operarlas y, sobre todo, repararlas.

3.5 Inducción al área ritual

La parte de la inducción que corresponde al área ritual implica la introducción del nuevo empleado a la historia, leyendas, epopeyas y

Inducción integral

héroes de la organización; a sus ritos y ceremonias; a sus crisis pasadas y a las soluciones organizacionales a dichas crisis; y a la gran visión del futuro que para sí y para sus miembros tenga en ese momento la organización.

Esta introducción busca que, eventualmente, los nuevos miembros lleguen a compartir los significados que los demás miembros de la organización, automática e incuestionadamente, asignan a esa historia, a esos miembros y a esos eventos.

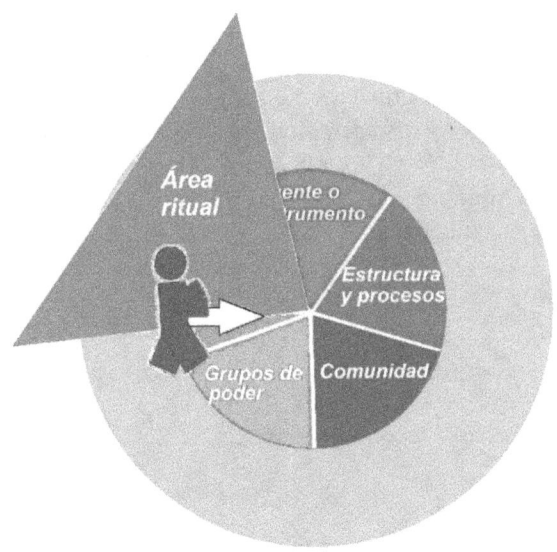

Si la información proporcionada en la inducción técnica tiende a ser analítica y abstracta. (objetivos, metas, medios, optimización, resultados, etc.); la información proporcionada en la inducción ritual es sintética y concreta. (historia particular de la organización; héroes con nombre y apellido y los actos precisos con que se distinguieron; los triunfos y las crisis organizacionales con todos sus detalles heroicos y de riesgo; las acciones como epopeyas; etc.).

Mientras que la información analítica tiende a la separación de las partes, la información sintética tiende a la aprehensión integral del todo como un todo; mientras que la analítica se transmite en la comunicación directa de ideas; la sintética se transmite en la comunicación indirecta, parabólica o metafórica de significados.

Cuando se habla de héroes, la perspectiva analítica lista y discute las características abstractas de un héroe; la perspectiva sintética, en cambio, habla, por ejemplo, de Miguel Hidalgo o de Benito Juárez, y partir de sus semblanzas indirectamente nos comunica su naturaleza de héroes.

Lo central en esta comunicación es lo concreto y lo sintético.

Los héroes organizacionales suelen ser los fundadores; quienes salvaron a la organización de crisis graves; quienes idearon productos o servicios que han distinguido a la organización; quienes la revolucionaron con nuevas tecnologías; etc. Y todos ellos son concretos; tienen nombre y apellidos; y generalmente hay un retrato de ellos en algún lugar importante de las instalaciones.

Área ritual

El círculo de la inducción finalmente se cierra cuando todas estas hazañas, héroes, historias, ritos y ceremonias, todos estos significados, vuelven a dar paso a los motivos que los generaron: a la organización-como-agente o-instrumento y a los productos o servicios que ofrece.

La historia de la organización resume los grandes hitos que han forjado la institución de la que hoy formamos parte –y esto es tan cierto para una organización internacional gigantesca como para un negocio local pequeño fundado por los padres o los abuelos.

Esta historia destaca tanto las grandes crisis como, en su caso, los grandes aciertos estratégicos por cambios tecnológicos, geográficos, comerciales, sociales, etc.

Se incluyen, asimismo, las ceremonias que son importantes para la organización; se comparten sus significados, sus calendarios, sus expectativas y sus rituales.

La inducción ritual busca, en suma, hacer partícipe al nuevo recluta de los significados más importantes que son patrimonio de la organización y de su personal; y, si es posible, contagiar al recluta con su entusiasmo.

Los emblemas o logotipos organizacionales buscan, precisamente, concentrar simbólicamente todos estos significados dispersos en una sola imagen concreta –que comunique este mismo significado a propios y a extraños.

3.6 Inducción integral

Debe ser evidente que la división y separación tan nítida de las áreas de inducción, aquí planteada, es más conceptual que operativa, pero debe ser asimismo evidente que esta conceptualización permite reconocerlas y atenderlas en sus particularidades básicas.

Cada cultura organizacional define no sólo los contenidos específicos a atender y acentuar dentro de cada una de esas áreas (según el esquema de valores, premisas y enfoques propio de cada una), sino la jerarquización de éstas y la intensidad relativa que les asigna y con que las atiende.

Esta definición de contenidos y esta jerarquización y atención relativa constituyen, precisamente el perfil particular y específico de valores, premisas, supuestos, comportamientos, etc., que caracterizan y distinguen a una institución determinada (Ortega, 2016).

Sin embargo, aunque el énfasis cambie de organización en organización y de cultura en cultura, debe ser también evidente que las cinco áreas de inducción, todas, así como las interrelaciones entre ellas, están siempre presentes y así deben atenderse.

Ello no quiera decir que todas deben atenderse ni en el mismo momento ni, mucho menos, de la misma manera.

De nada sirve una inducción muy intensa en algunas de las áreas (como la técnica o la formal) si esta inducción no se integra (y no simplemente se acumula) a todas las demás áreas, dándole un sentido y un significado válidos a todas las áreas y a todas sus interrelaciones, en la mente del nuevo recluta.

El proceso multidimensional de la inducción, aquí propuesto, permite atender la socialización inicial de los nuevos empleados en toda su amplitud integral, enfocando los aspectos técnicos, formales, informales, paraformales y rituales tanto a nivel postulante como operante.

Con ello se facilita la inducción a la cultura organizacional como un todo, precisamente desde los valores, premisas, supuestos y comportamientos de esa misma cultura.

En ese sentido debe recordarse que una cultura es ante todo vida y acción y que los valores y premisas más importantes si bien rigen esa vida y esa acción, permanecen a nivel inconsciente e incuestionado y, por lo tanto, difícilmente discutibles o conscientemente teorizables.

Inducción integral

Un programa excelente de inducción es, apenas, un punto de partida; nunca un punto de llegada.

Una buena inducción no asegura el éxito del nuevo empleado en la organización, simplemente lo hace posible o, si se quiere, no lo hace imposible.

4. El inducido

El recluta trae consigo dos variables culturales fundamentales: Su propia cultura personal y la suma de residuos culturales de las diversas organizaciones en las que ha trabajado.

Estas variables culturales constituyen a un tiempo oportunidades e insumos para contribuir a la innovación cultural pero también obstáculos potenciales para su inserción en la cultura propia de la organización a la que está siendo inducido.

Una cultura es por definición "la manera particular y diferenciada de un conjunto de personas para ver, comprender y actuar, tanto en relación al mundo en el que individual y colectivamente están inmersas, como en relación a sí mismas, en tanto individuos y en tanto colectividad" (Ortega, 2016:17).

El recluta, entonces, trae consigo no sólo su propia manera personal de hacer las cosas, sino –dependiendo de su experiencia laboral– las maneras de hacer esas mismas cosas en otras de las organizaciones de las que ha formado parte.

Adicionalmente, el recluta llega con una serie de expectativas no necesariamente claras ni definidas respecto a su nueva organización y su nuevo trabajo —el contrato psicológico— que, sin embargo, inconscientemente, espera que se cumplan.

Cada una de estas tres variables incide potencialmente no sólo en el proceso de inducción sino, algo todavía más importante, en su vida laboral posterior en la organización.

4.1 La cultura personal del recluta

El recluta llega a la organización con una cultura personal propia, forjada a través de toda su historia, sus crisis, sus vivencias y sus experiencias personales, laborales y organizacionales.

(Adaptado do Ortega, 2016)

Como toda cultura, la cultura del recluta está integrada por una cultura postulante y una cultura operante y cada una de ellas con un nivel evidente o visible y un nivel subyacente, invisible y sólo inferible.

El nivel subyacente está compuesto por los valores, las premisas y los supuestos que, invisibles, generan y gobiernan, por una parte, las declaraciones y posturas verbales (cultura postulante) y por la otra, los comportamientos y conductas observables (cultura operante) de la persona o de la organización (Ortega, 2016).

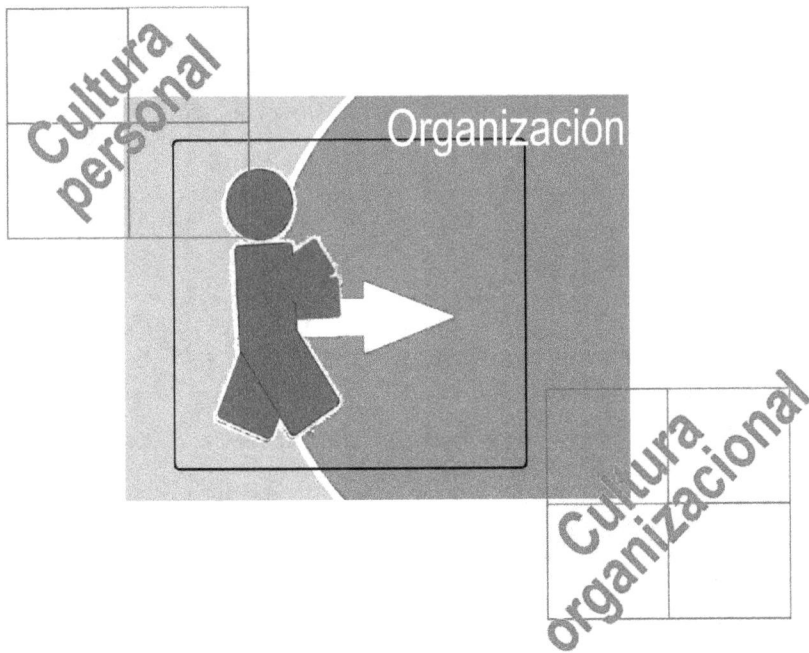

El recluta llega con sus propios valores, premisas, supuestos y comportamientos reales y verbales. La organización a la que llega tiene los propios. Los que coinciden, se comparten; los que no coinciden plantean en el recluta una disonancia que puede conducir a una renovación de alguna de las dos o de ambas culturas; o a un choque cultural –con su consecuente confusión, incertidumbre, desorientación y ansiedad, potencialmente desgastantes.

Los reclutas vienen de diferentes culturas y "traen consigo antecedentes diferentes; ideas preconcebidas equivocadas sobre el trabajo a realizar; y quizás también, objetivos y valores que no concuerdan con los de los demás miembros de la organización"; pero también pueden "traer consigo, por lo menos el potencial, para el cambio" (Van Maanen y Schein, 1979).

El proceso de inducción busca precisamente evitar o minimizar ese choque cultural, facilitando la socialización inicial del recluta en los valores, premisas, supuesto y prácticas de la cultura organizacional.

Pero busca, asimismo, que esa socialización no destruya tampoco ese potencial para el cambio y la renovación.

4.2 Culturas organizacionales previas

Adicionalmente, el recluta con experiencia previa conserva residuos de la o las culturas organizacionales en las que previamente ha laborado, primordialmente de la inmediatamente anterior.

En su parte operante estos residuos culturales se suman a la cultura personal previamente discutida, específicamente en lo que se refiere a la manera concreta de hacer las cosas en la o las organizaciones previas en todo lo que difieren de la manera de hacer las cosas en la organización actual e interfieran con la inducción en lo que se refiere a las prácticas concretas de trabajo.

En su parte postulante, pueden constituir recordatorios constantes de su extranjería y una barrera verbal, para ambas partes, que repetidamente lo separa de los demás miembros de la comunidad organizacional a los que busca integrarse.

No es inusual, por ejemplo, que, especialmente recién llegados, los reclutas estén continuamente mencionando el nombre de su organización previa o su manera de hacer las cosas, implícita e inconscientemente poniéndola como ejemplo de cómo deberían de hacerse.

Aún en los casos en los que tienen razón, éste no suele ser el camino más efectivo para renovar la cultura a la que llegan, pero si interfiere y dificulta su aceptación por parte de los demás miembros de la organización.

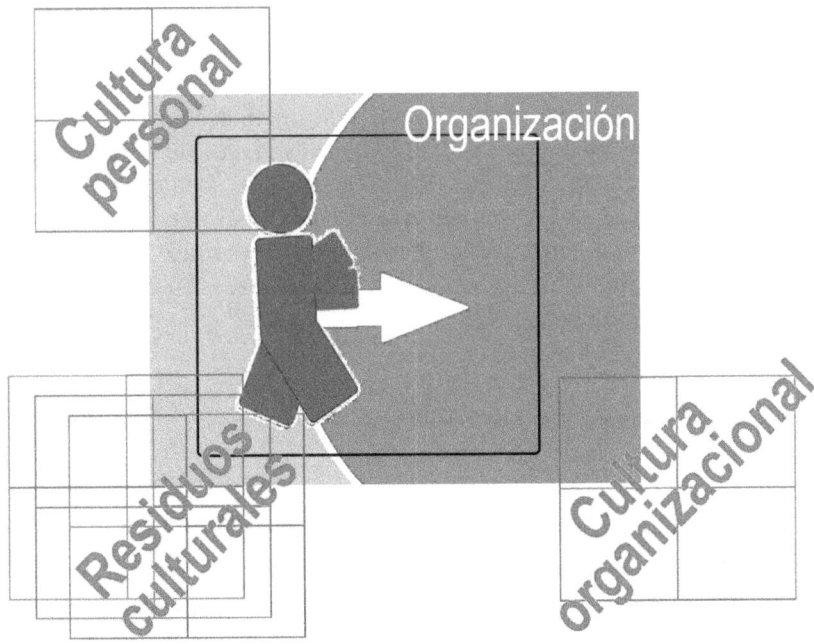

La interferencia de la cultura postulante suele darse con menor frecuencia en los reclutas con mayor experiencia previa porque, como parte de esa experiencia, aprendieron que, por lo menos a nivel postulante, es decir, a nivel de comportamiento verbal, sólo retrasa su aceptación en el seno de la nueva comunidad.

Esto no necesariamente impide que estos reclutas puedan contribuir, con todo lo que traen consigo, a la renovación cultural de su nueva organización y a sus prácticas laborales, sino que, más avisados, ahora se sirven de medios más aceptados y efectivos para hacerlo.

4.3 El contrato psicológico

Además de su propia cultura personal y de los residuos de las culturas de las organizaciones en las que ha trabajado, especialmente la última, cada nuevo recluta llega con una serie de expectativas personales en torno a la organización y a su nuevo trabajo que pueden tener poco o mucho que ver con la realidad organizacional pero que inciden radicalmente tanto en su forma de relacionarse con la organización como en su desempeño posterior (Levinson et al., 1962; Rousseau, 1989; Shore y Tetrick, 1994; Conway y Briner, 2005).

Estas expectativas no son necesariamente conscientes ni necesariamente realistas.

Se han ido forjando paulatina e inconscientemente, de muy diversas maneras.

Puede ser que haya sido a partir de la imagen que la organización tiene en su medio ambiente; de las opiniones informales de los grupos primarios; de las propias necesidades no satisfechas; etc.

Al llegar a la organización, todas estas expectativas se integran, también inconscientemente, en una especie de contrato no escrito, pero, no por ello, menos operante, que encuentra su contrapartida en expectativas implícitas por parte de la organización.

Este contrato no escrito comprende "una serie de expectativas mutuas de las que las partes [persona y organización] pueden no sólo no ser conscientes, sino que pueden ni siquiera tener la menor idea de que existe, pero que establece expectativas respecto a ambas partes de una manera tan contundente como si se tratara de un contrato legalmente redactado y, por lo tanto 'gobierna la relación'" entre las partes (Levinson et al., 1962:21).

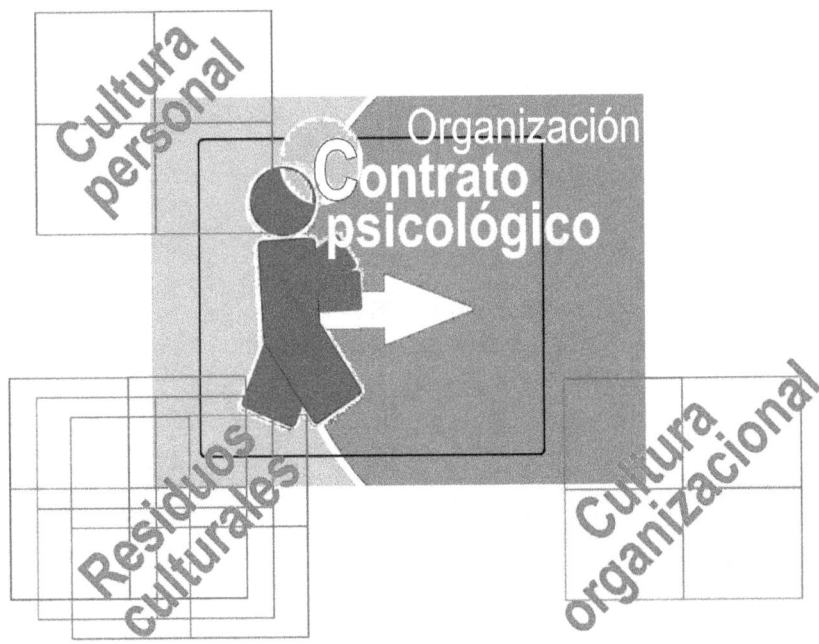

Aunque al revisar el concepto, Rousseau incluye promesas potenciales al recluta por parte de la organización como ingredientes que incrementan o realzan el contrato (Rousseau, 1989:122); las variables centrales para la inducción no son las promesas, sino las percepciones y expectativas subjetivas con las que llega el recluta a la organización y que en el momento de aceptar el empleo se transforman en cláusulas de un contrato que –en su mente– espera su cumplimiento.

Significativamente, las cláusulas de este contrato no se tornan evidentes sino cuando se rompen, es decir, cuando el recluta, ahora empleado, percibe que no se cumplen sus expectativas y, en ese momento, reacciona como si algo que se le hubiera explícitamente prometido se le hubiera retenido o denegado (Levinson et al., 1962:38).

Dado que "el muto acuerdo sobre el contrato psicológico al comienzo de la relación será aún más importante en muchos sentidos que el acuerdo sobre el contrato legal" (Levinson et al., 1962:158), el proceso de inducción puede considerar –como su punto de partida– la exploración y la explicitación de este contrato psicológico o, por lo menos de algunas de sus cláusulas centrales, en entrevistas iniciales con el recluta.

En suma, el proceso de inducción no se da sobre una página en blanco, sino en un recluta que llega con su propia manera de ver, de entender y de hacer las cosas, generada en parte por su propia cultura personal y en parte por lo que le ha ido quedando de lo aprendido en organizaciones y experiencias laborales previas.

Y si bien, esta manera personal puede constituir una riqueza potencial para la renovación de la cultura organizacional; igualmente, toda o partes de ella, puede estar en conflicto con la manera particular de la organización y de su gente de ver, de entender y de hacer las cosas.

Este conflicto potencial puede incrementarse por la percepción subjetiva de incumplimientos en las cláusulas de un contrato psicológico personal del que no sólo la organización, sino el propio recluta, tiene poca conciencia de que existe o de a qué los compromete.

5. El proceso de inducción

La inducción forma parte del repertorio de respuestas organizacionales para la administración de sus recursos humanos.

En cuanto tal, está inserta en el contexto general de la administración de los recursos humanos, constituido por la organización, la persona y el medio ambiente en el que ambas, personas y organización, están inmersas; así como por las interacciones entre ellos.

La administración de recursos humanos conjunta, atiende, concilia y responde a la naturaleza, características, necesidades y demandas de la organización, de la persona y de su medio ambiente. Ése es el contexto en el que opera.

Estos son los tres polos cuya estrategia tiene que coordinar y a los que tiene que responder.

Junto con el reclutamiento, la selección y la contratación, la inducción constituye la fase final del proceso de adquisición e incorporación de recursos humanos a la organización y a su cultura (Glueck, 1982; Rue et al., 2016).

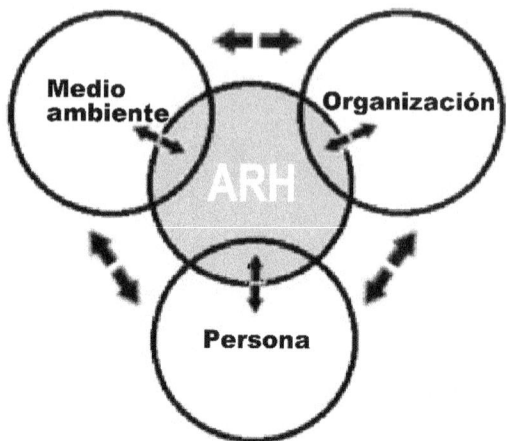

El contexto de la administración de recursos humanos

Con la inducción, la administración de recursos humanos concluye por convertir a alguien de fuera –un extranjero organizacional– en un miembro más de la organización. Con la inducción, lo hace pasar del 'ellos' al 'nosotros'.

Se trata de todo un *proceso* no de un sólo evento aislado. Este proceso puede incluir diversos eventos, ceremonias, entrevistas, evaluaciones y otro tipo de acciones y actividades, tanto grupales (en el caso de grandes organizaciones) como individuales.

Asimismo, este proceso atiende tanto la incorporación a la organización como un todo, como la inducción al área, al departamento, al puesto y a los demás miembros del personal (colegas, jefes, subalternos).

Este *proceso* tiene que ser planeado, informado, ejecutado y evaluado tanto formativa como sumativamente, en términos no sólo de la organización sino de todas y cada una de las personas inducidas.

Planeado, en el sentido de que todas las variables consideradas como relevantes deben ser tomadas en cuenta y conjuntadas en un plan integral que considere la información a recoger; las actividades, eventos, entrevistas, reuniones, ceremonias, etc. a programar y a realizar; las fuentes de información involucradas, sus propias necesidades de información y sus aportaciones potenciales; así como las formas y los tiempos para evaluarlos.

Informado, en el sentido de recolectar e incorporar al proceso, no sólo las demandas y requerimientos de la organización sino las dudas, las premisas y supuestos, y las necesidades de información concreta con los que llega el recluta.

Ejecutado, en el sentido de que todo lo contemplado se lleve a cabo en tiempo y forma de acuerdo con lo estipulado en la planeación y programación previas.

Evaluado, en el sentido de que al concluir todo el proceso se hayan cumplido los objetivos y expectativas tanto de la organización como del recluta (evaluación sumativa); y que, durante el proceso mismo se haya obtenido retroalimentación de los involucrados para afinarlo y precisarlo de manera que vaya respondiendo mejor a esas necesidades y expectativas (evaluación formativa).

Debe ser evidente que los resultados de la evaluación sumativa de cada proceso de inducción habrán de utilizarse como evaluación formativa en el diseño y la planeación del proceso de inducción subsecuente.

El proceso de inducción, en suma, puede considerarse como comprendiendo tres fases fundamentales: (1) la determinación de las necesidades de información y de las ansiedades del recluta y de su contrato psicológico; (2) la ejecución de las actividades de inducción propiamente dichas; y (3) la evaluación del proceso de inducción, sus fases, sus actividades y sus logros.

5.1 Necesidades y contrato psicológico del recluta

El punto de partida del proceso de inducción es la atención a ese recluta miembro del medio ambiente, ese extranjero organizacional, que habrá de transformarse en un miembro de la organización.

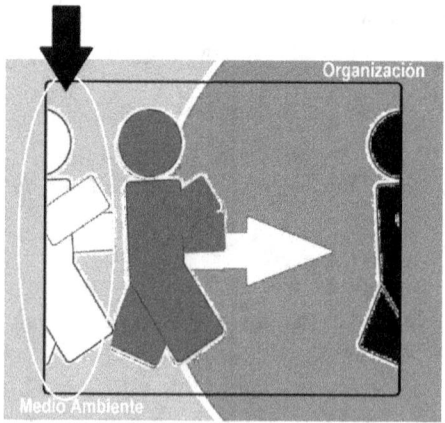

Llega a la organización con una serie de expectativas personales no todas necesariamente conscientes y con una serie de contribuciones potenciales reconocidas por la propia organización, por lo que ha sido seleccionado y contratado por ésta.

Hasta el momento, los únicos denominadores comunes a ambos son la decisión de unir sus esfuerzos laboralmente, y aquellos valores, premisas, supuestos y comportamientos de la cultura del medio ambiente en el que ambos están insertos y que en mayor o menor medida comparten.

El proceso de inducción parte, pues, de las necesidades personales de un miembro del medio ambiente que se va a transformar –además– en miembro de la organización. Parte, asimismo, de las expectativas personales y del contrato psicológico con el que llega ese nuevo recluta; de los miedos, ansiedades, tensiones e incertidumbres generados por un cambio o inicio de trabajo (Van Maanen y Schein, 1979); así como de sus necesidades de información, seguridad, pertenencia y apoyo emocional.

Estas entrevistas iniciales pueden, asimismo, coadyuvar a precisar el tipo y la cantidad de información sobre la organización y el puesto que requiere el recluta sin abrumarlo con información que en esos momentos puede resultar excesiva.

También pueden coadyuvar para identificar las fuentes de incertidumbre y ansiedad que el nuevo trabajo genera en el recluta para disminuirlos y atenderlos mejor (Van Maanen, 1975; Van Maanen y Schein, 1979).

5.2 Las actividades de inducción

Las actividades de inducción, como se ha dicho, pueden consistir de entrevistas, eventos informativo y sociales diversos, ceremonias, evaluaciones y otro tipo de acciones y actividades sociales, informativas o rituales, tanto individuales como grupales.

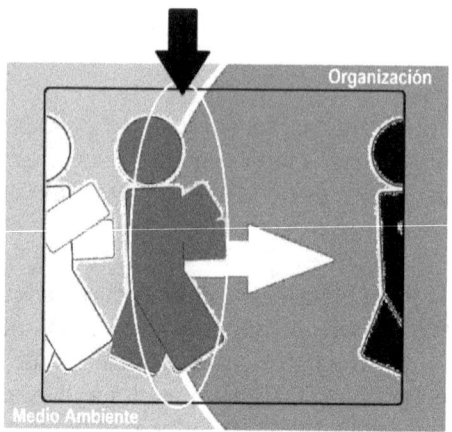

La información recabada en entrevistas no-estructuradas y estructuradas en la etapa inicial de determinación de expectativas y necesidades personales, así como para la exploración del contrato psicológico, generalmente se utiliza para precisar los contenidos y las actividades generales previamente planeadas.

Normalmente, el proceso de inducción está enmarcado por dos ceremonias: una ceremonia de apertura y una ceremonia de recepción del recluta como nuevo miembro de la organización.

Como parte de esas ceremonias o independientemente de ellas, en eventos informativos posteriores, se puede entregar al recluta la información documental pertinente –buscando que sus contenidos lo enteren sin abrumarlo.

En general, los contenidos de la inducción quedan comprendidos, como se ha discutido, en cinco grandes rubros, correspondientes a cada una de las áreas de inducción (técnica, formal, informal, paraformal y ritual), asegurándose que en cada rubro se cubre no sólo la cultura postulante (teoría explícita o comportamiento verbal de la organización, sino también su cultura operante (teoría–en–uso o comportamiento real) (Argyris y Schön, 1974 y 1978; Ortega, 2016).

Como también se ha dicho, dependiendo de la cultura específica, algunos de esos contenidos serán considerados como fundamentales o como marginales para la organización, independientemente de la importancia que puedan tener para los inducidos. Habrá asimismo aspectos que la cultura pueda exigir que se mencionen, al tiempo que considera otros como tabú.

Asimismo, conviene destacar que no todo debe comunicarse en una sola dimensión, generalmente racional, de manera analítica y exclusivamente como ideas; las metáforas, las parábolas, las imágenes, las historias, los juegos, los trabajos en pequeños grupos, etc., no sólo complementan sino que enriquecen las presentaciones y las acercan más a los enfoques de aprendizaje, necesariamente diversos, de todos los participantes.

Como no se trata sólo de información racional ofrecida nada más una vez, la repetición o la reiteración pueden ser no sólo útiles sino indispensables para darle efectividad a los mensajes.

Por la misma razón, aquellos aspectos de la inducción mejor comunicados con la práctica, se vuelven más efectivos haciéndolos que verbalmente describiéndolos y explicándolos en el vacío.

En cierto sentido, los contenidos de la inducción tienden a reflejar, adicionalmente, las subculturas de quienes la diseñan e instrumentan. Un proceso de inducción en manos del Departamento de Personal o de Recursos Humanos, acentuará prestaciones y procesos, haciendo hincapié en los programas de retiro o jubilación (aunque los inducidos sean solteros y aún no cumplan 20 años); en manos de Operación o Producción ese mismo programa acentuará los aspectos técnicos y los discutirá en detalle (aunque los inducidos sean expertos comprobados en el área); etc.

Por otra parte, existe una tendencia marcada por acentuar lo postulante por sobre lo operante; lo verbal por sobre lo real. Con ello, el proceso no sólo suele tener un excesivo apoyo en lo documental (misión, principios, fines, objetivos, estrategias, filosofía, ideario, etc.), sino que acaba por presentar ante los ojos del inducido una organización parcial o totalmente de ficción: la organización ideal o deseada, no la organización real en la que ya está inmerso.

Aunque los contenidos de un programa de inducción, en suma, son variables y suelen reflejar el perfil de la cultura de la organización, de diversas maneras y por diversos medios (orales, documentales, presenciales, etc.) todos buscan familiarizar al recluta con los valores y maneras de comportarse en la organización para eventualmente convertirlo en un miembro más de su cultura.

En el área técnica, se busca compartir objetivos y metas organizacionales y los medios y procesos para alcanzarlos; familiarizarlo con los productos y servicios de la organización; y generarle un sentido racional de su inserción y participación como agente e instrumento para el logro de sus productos o servicios.

En el área formal, se busca familiarizarlo con la estructura organizacional (organigrama) y con las normas y los procedimientos de trabajo; establecer y habituarlo a los comportamientos esperados para el puesto o función y los estándares de evaluación; y generar un sentido de inserción y participación laboral y funcional.

En el área informal, se busca iniciar y facilitar sus relaciones personales con colegas, jefes y subordinados, así como el resto del personal en general en ambientes no sólo laborales; y generar un sentido de inserción y pertenencia social.

En el área paraformal, se busca generar tanto un sentido de orientación en la geografía política de la organización, como una percepción de su poder y control personal. Al mismo tiempo y como objetivo silente, orientar al recluta hacia grupos o coaliciones considerados como 'aceptables' o 'convenientes' por parte de la organización o los inductores.

En el área ritual, se busca transmitir para eventualmente compartir los significados de los ritos, ceremonias, epopeyas y héroes organizacionales más importantes; la historia de la organización con sus crisis y sus logros; sus emblemas, logotipos, etc., hasta llegar a compartir el mismo mundo simbólico.

Y, finalmente, en la suma de todas las áreas, generarle un sentido de valía y de pertenencia; de valores compartidos; de verdades, de premisas, de supuestos y de comportamientos comunes y significativos.

Debe recordarse que todo aprendizaje tiene componentes cognitivos, afectivos y psicomotores, aunque dependiendo del caso específico, la importancia relativa de cada componente podrá ser diferente.

En el caso de actividades técnicas manuales, por ejemplo, el aprendizaje requiere del dominio físico del proceso y del hábito y no simplemente de su comprensión intelectual. En este sentido, debe evitarse una excesiva dependencia del proceso de inducción en lo cognitivo y analítico, aunque lo afectivo y psicomotor requieran de una mayor paciencia por parte de todos.

Cuando las áreas o los contenidos se apoyan fundamentalmente en aspectos cognitivos (como sería algunos elementos conceptuales en las áreas técnica y formal), la inducción puede aspirar a una perspectiva integral: que el inducido conozca en toda su profundidad y globalidad conceptuales aspectos específicos de la organización, aunque diste mucho de dominarlos conductualmente.

Cuando las áreas o los contenidos requieren, precisamente, de ese dominio conductual, es decir, cuando el énfasis en el aprendizaje recae fundamentalmente en aspectos psicomotores (como en algunos elementos físicos del área técnica o en la internalización o automatización de algunos procesos del área formal), la inducción sólo puede aspirar a ser parcial; a lograr un aprendizaje lo suficientemente profundo y amplio para que el recluta por sí mismo y con el tiempo y, sobre todo, la práctica, pueda lograr el dominio total.

Finalmente, cuando las áreas o los contenidos descansan en aspectos afectivo–sociales (como serían algunos de los contenidos básicos de las áreas informal, paraformal y ritual), la inducción sólo puede aspirar a una socialización inicial que tiene que ser atendida y reforzada por mucho tiempo y por otras actividades de apoyo, para evitar un "descarrilamiento" posterior. Estas actividades posteriores serán más fáciles cuanto mejor se haya realizado esa inducción inicial.

En la inserción social del recluta en la organización como comunidad se busca profundidad, no extensión por lo que no necesariamente se busca cubrirlos a todos en un solo momento, apenas intercambiando nombres. Es una relación la que se establece y, como todas las relaciones, es un proceso continuo de ajuste y de desarrollo.

La inducción incluye también aspectos menos elevados, más prosaicos y menos teóricos como la localización de baños, comedores, etc.; la localización de las diversas instalaciones y servicios; los horarios de trabajo de las diversas áreas de la organización; las denotaciones y connotaciones de la terminología básica particular a la institución; el directorio telefónico y la ubicación de las oficinas; los códigos de vestir, etc. así como otras áreas o aspectos solicitados o deseados por el inducido, e indispensables para su vida organizacional cotidiana.

Es recomendable, igualmente, que los procesos de inducción ofrezcan espacios previamente previstos y suficientemente amplios para el planteamiento y la resolución de dudas o cuestionamientos acerca de lo presentado o de lo visto, o, por el contrario, de necesidades no atendidas o no satisfechas plenamente, por parte de los inducidos.

Algunas organizaciones, en la ceremonia con la que concluye su proceso oficial de inducción entregan a los inducidos un objeto que resuma y simbolice de manera concreta a la organización y su recién ganada membresía. Aunque pueden ser muy variables (muestrario de los productos de la organización, un distintivo para la camisa, la corbata o la solapa, etc.) estos objetos suelen tener como común denominador el portar el escudo, emblema, colores o logotipo de la organización

Muchas de las actividades posteriores de administración de recursos humanos (supervisión, entrenamiento, evaluación del desempeño, capacitación, etc.) buscan desarrollar y reafirmar algunos de los aspectos fundamentales en la socialización inicial obtenida con el proceso de inducción.

5.3 Evaluación de la inducción

Toda acción organizacional debe evaluarse y todo proceso de evaluación debe haber sido contemplado e incorporado desde la planeación original misma de esas acciones (Ortega, 1984) y no como un agregado *a posteriori*.

Idealmente se habrían diseñado también –sujetos a correcciones o precisiones posteriores– los instrumentos fundamentales (cuestionarios, protocolos para entrevistas, etc.) para la realización de esa evaluación.

Como parte del diseño debe incluirse cómo y para qué se va a utilizar la información resultante de ese proceso de evaluación, así como sus fases formativas y sumativa para no limitarlo a una sola evaluación final sumativa sino, potencialmente, intercalar eventos de evaluación formativa que permitan enriquecer el proceso evaluado a medida que está ocurriendo.

Por otra parte, como el aprendizaje y la socialización no concluyen con la parte formalmente planeada y estructurada del proceso de inducción, sino que se van desarrollando e incrementando a medida que el recluta se desempeña como miembro regular de la organización; algunas organizaciones separan la evaluación sumativa del *proceso* de inducción [¿qué tan bien se realizó y qué consiguió?], de un proceso posterior de evaluación de la *inducción* misma [¿qué tan bien se ha integrado finalmente el recluta a la cultura de la organización?] –aunque esta segunda evaluación sumativa incida eventual y potencialmente en la significación y la valoración de la primera.

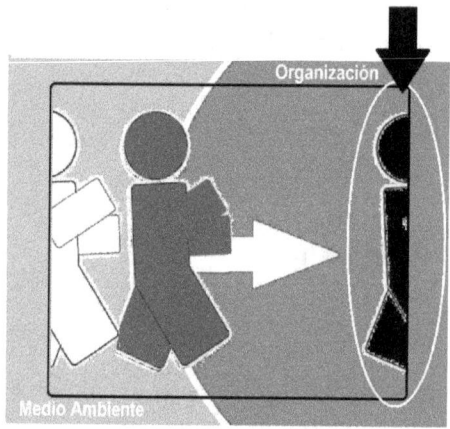

Como se requiere de un cierto tiempo de ejercicio inicial del nuevo puesto o rol (Van Maanen y Schein, 1979), generalmente un primer ciclo completo según el ramo en el que opere la organización [por ejemplo, período lectivo en una institución educativa; diseño a fabricación a comercialización inaugural del vehículo en una empresa automotriz; etc.] no será sino hasta la conclusión de este primer ciclo completo que se realiza la evaluación sumativa de la *inducción* misma.

Cada una de las cinco áreas de inducción define sus propios estándares para la evaluación.

El área técnica está centrada en logros y buscará que la inducción los facilite y que rápidamente se optimicen los resultados tangibles del recluta en los tiempos y con la calidad requerida, sea en producción o servicios.

El área formal está centrada en observancia y cumplimiento y buscará que como resultado de la inducción el recluta observe todas las directrices, normas y conductas esperadas de trabajo y cumpla con todo lo estipulado por el manual de funciones y en la programación de tareas. El área informal está centrada en satisfacción personal, tanto del recluta como de los miembros de su comunidad: Por lo que se buscará maximizar la satisfacción generada tanto en el recluta como en su comunidad y el que ambos se sientan a gusto una con el otro.

El área paraformal está centrada en lo posible, por lo que el recluta, por una parte, buscará su mayor autonomía y control sobre sí mismo –el suficiente poder para decidir su comportamiento y hacerlo discutible y negociable; y por lo que la organización buscará, por la otra, disminuir su capacidad de incertidumbre y su inserción en los grupos o coaliciones aceptables.

El área ritual, está centrada en lo significante, tanto respecto a que la inducción genere los requisitos ceremoniales simbólicos para el recluta y para la organización; como para que éste principie a compartir los mismos significados que estos símbolos generan en el resto de la comunidad (Ortega, 1984).

Finalmente, se evalúa el equilibrio entre inserción e innovación; es decir, al tiempo que se busca que el recluta adopte o se convierta a la cultura de la organización; se busca asimismo que traiga consigo elementos potenciales para su renovación.

Es decir que la socialización producto del proceso de inducción no sea tan uniformante como para aniquilar la diversidad creativa del recluta ni sus aportaciones potenciales (Van Maanen y Schein, 1979).

Muchos de estos resultados no se dan al concluir el proceso de inducción sino tiempo después por lo que la evaluación de la inducción no puede terminar junto con ésta sino extenderse longitudinalmente para ir evaluando logros de la integración creativa de los reclutas ya como miembros plenos de la organización a mediano y largo plazos.

La evaluación, en suma, debe atender tanto la planeación, la ejecución y los resultados longitudinalmente obtenidos de la inducción, como cada una de estas fases en relación con la previas y, en su caso, retroalimentarlas formativamente.

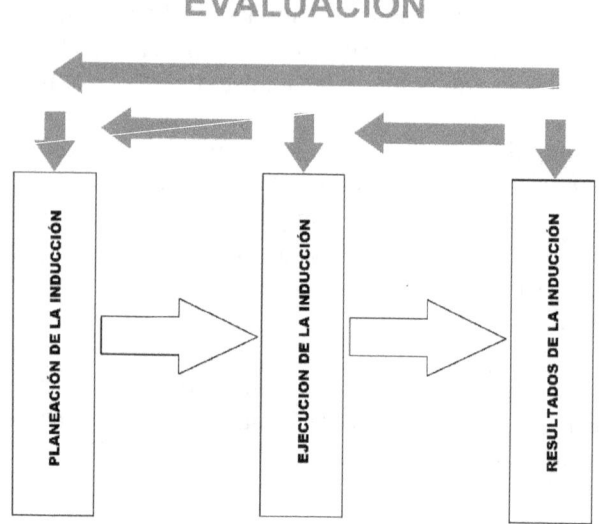

Como se ha dicho, estos resultados de la inducción deben evaluarse en diversos momentos con relativa posterioridad a la inducción para asegurarse de que se ha logrado una plena integración cultural sin sacrificio de la creatividad o de las aportaciones culturales potenciales de los nuevos miembros.

5.4 Participantes en el proceso de inducción

Como las demás actividades o procesos de administración de recursos humanos, la inducción no es solamente responsabilidad del área, oficina o departamento de administración de personal o de recursos humanos, sino de todas las áreas o departamentos involucrados así como de su personal en su conjunto.

Potencialmente cuatro son los participantes organizacionales en el proceso de inducción: (1) el departamento de personal o de recursos humanos; (2) las áreas en que se inserta el departamento del nuevo recluta (finanzas, operaciones, técnica, comercial, administrativas, etc.); (3) el departamento de referencia, incluyendo el jefe inmediato y el grupo de trabajo de la persona por inducir; y (4) el sindicato que opera en la organización, cuando éste sea el caso.

En algunas organizaciones se añade un quinto participante, un mentor interno que atienda de manera más cercana, personal y humana al recluta y continúe la inducción informal cuando el proceso de inducción oficial se dé por terminado.

Es asimismo indispensable la participación de los directivos más importantes tanto en ceremonias formales como en algunos de los evento sociales informales, precisamente porque con su valor simbólico realzan la importancia que la organización como un todo le da al o a los reclutas y a su recepción en el seno institucional.

En organizaciones estructuradas matricialmente y en algunas organizaciones nacionales y multinacionales grandes, suele añadirse (aunque, en algunos casos, en forma diferida) representantes del área o la función a la que ingrese el inducido (finanzas, operaciones, recursos humanos, etc.), provenientes de las oficinas centrales.

El área o departamento de personal o de recursos humanos, cuando existe, es, por una parte, corresponsable –con el jefe inmediato del nuevo empleado y su grupo de trabajo– de la incorporación efectiva del nuevo empleado en el seno de este grupo de trabajo y de su subcultura respectiva; y, por la otra, es el responsable organizacional de su incorporación efectiva a la cultura propia de la organización y a la organización como un todo.

El jefe inmediato y su grupo de trabajo son, a un tiempo, uno de los recursos más importantes a utilizar en el proceso de inducción –puesto que de su actitud, apoyo, aceptación y convivencia cotidiana con el nuevo miembro pueden depender muchos aspectos del proceso de inducción, especialmente por lo que se refiere a la transmisión de la subcultura propia– y uno de los receptores fundamentales de sus frutos – puesto que una inducción incompleta o inadecuada afectará profundamente tanto los productos o resultados del grupo, como sus relaciones internas, mientras que una inducción efectiva puede revitalizar y enriquecer a ese mismo grupo, incrementado potencialmente su productividad.

El mentor interno puede ser uno de los actores claves del proceso de inducción. Por una parte personaliza y valida todo el proceso, con su vivencia propia de la organización, con su verdad de lo visto y lo vivido; y por la otra, puede convertirse en el transmisor inicial más importante de los valores, premisas, etc. fundamentales para la organización, es decir, en un misionero de la cultura organizacional.

Finalmente, y dependiendo de las relaciones que tenga con la organización, el sindicato puede tener un lugar oficial y explícitamente diseñado en el proceso de inducción. Su participación se enfoca generalmente a ofrecer información sobre las conquistas y beneficios sindicales y a confirmar o reforzar algunos aspectos de la inducción organizacional. Algunos sindicatos tienen, adicionalmente, sus propios procesos independientes de inducción sindical.

Cuando, como se mencionó previamente, llegan a participar representantes del área o la función provenientes de las oficinas centrales, su participación suele ser asíncrona (tiempo después de haber concluido el proceso local de inducción; o anticipada, días antes del programa general) y tiene por objeto adicional iniciar la socialización a la subcultura funcional (finanzas, mercadotecnia, ventas, área académica, etc.) que impera a nivel nacional o multinacional y que comparten todos los que realizan esa función, independientemente del lugar, la división o la unidad en la que se encuentren.

En organizaciones pequeñas, el hecho de que no se tenga los departamentos especializados que tienen las de mayor tamaño, no quiere decir que todas esas funciones no se estén cumpliendo con el mismo rigor y profundidad. En muchos casos puede no sólo ser una sola persona quien las realice, sino que puede ser la misma persona quien las realice todas.

Lo importante no es el tamaño de la organización, sino que todas estas funciones se estén realizando. En muchos de estos casos, suele ser el mismo dueño quien ejerce las funciones de administración de recursos humanos y por lo tanto, de inducción.

5.4 La figura del mentor

Algunas organizaciones, independientemente de su tamaño, apoyan el proceso de inducción con la figura de un mentor.

Precisamente, la función principal del mentor es la de guiar –de manera individual– al inducido en todo su proceso para convertirse en un miembro de la organización y de ser intérprete y transmisor de la cultura organizacional en sus elementos esenciales a un nivel más personal y de mayor confianza y, por tanto, con mayor credibilidad para con el inducido.

Aunque, idealmente, podría pensarse que las características más importantes de un mentor son la de ser un experto en su área técnica y formar parte del grupo de trabajo al que habrá de incorporarse el inducido; en realidad, lo más importante es el grado en el que comparte los aspectos centrales de la cultura organizacional y su manejo de ésta; su empatía personal; y sus habilidades didácticas y de comunicación humana.

El mentor está en posibilidad de descubrir con mayor precisión tanto el bagaje cultural (cultura personal y residuos culturales de organizaciones previas), así como las líneas generales del contrato psicológico del inducido, para, en términos de esas variables, manejar su transmisión de la cultura de la organización.

Por ello, es fundamental escoger como mentor a quien auténticamente comparta los valores y premisas fundamentales de la cultura y con la suficiente flexibilidad como para que no trate de imponerla y comunicarla hasta en su más nimios detalles o hasta en sus valores y premisas más marginales, puesto que con ello no comunicaría sino una vehemencia paralizante que enajenaría potencialmente al inducido sin acercarlo en absoluto a esa cultura.

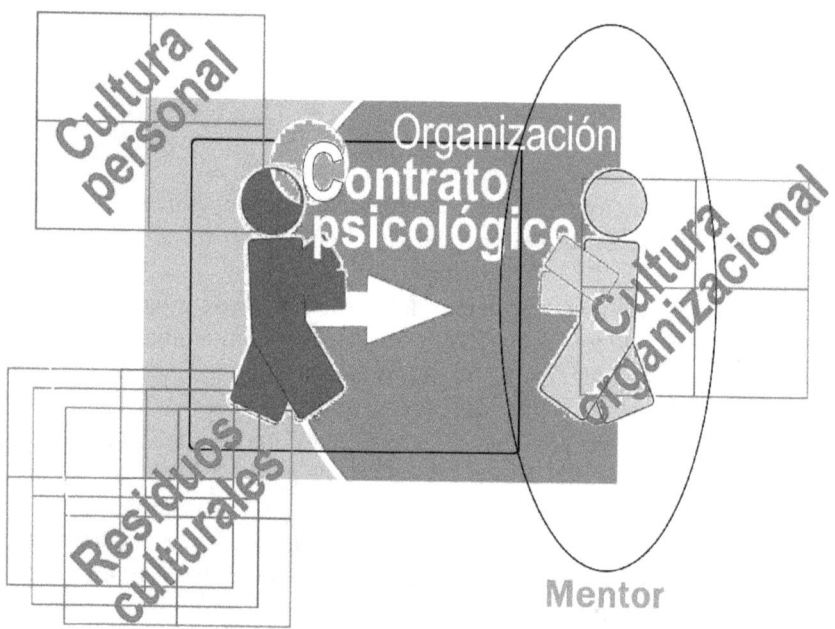

El apoyo del mentor se da, precisamente, porque al compartir plenamente los valores fundamentales de una cultura, la transmite con la concreción de sus propios comportamientos y en función del perfil particular que va descubriendo en el inducido; y no con la abstracción de idearlos o documentos: Predica y difunde con el ejemplo, sin necesariamente buscarlo o ser absolutamente consciente de que lo hace.

Los miembros con mayor experiencia "deben encontrar formas para asegurarse que el recién llegado [....] no cuestiona o pone entredicho demasiadas de las soluciones culturales previamente encontradas" y acordadas. "Dicho sin rodeos", para que la cultura y las tradiciones organizacionales sobrevivan "los nuevos miembros tienen que aprender a ver el mundo organizacional como lo ven sus colegas más experimentados" (Van Maanen y Schein, 1979).

Y aunque el mentor puede y debe contribuir a socializar al inducido en las cinco áreas de inducción, sus contribuciones esenciales generalmente se dan en las áreas informal, paraformal y ritual –tanto desde el punto de vista del inducido como de la organización.

Dado que la inducción a las áreas técnica y formal puede plantearse de manera directa y abierta, estas áreas se prestan más a un proceso de inducción menos personal, más general y más estructurado.

Por el contrario, todo lo referente a la inducción silente de aspectos rituales, paraformales e informales, así como a las realidades de la cultura operante que no necesariamente concuerden con la cultura postulante transmitida en los eventos de inducción oficiales, suele dejarse en manos del mentor.

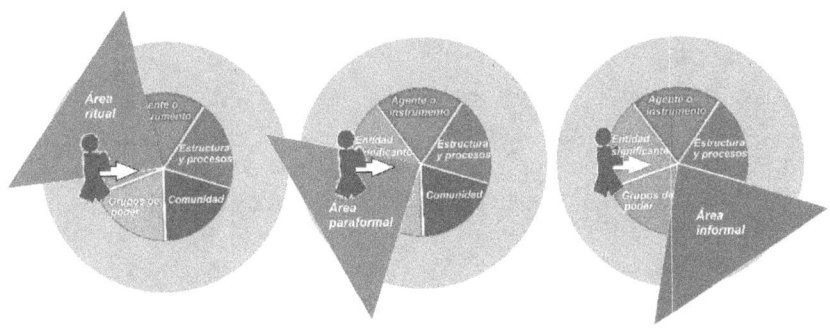

Es decir, la perspectiva oficial tendiente a lo postulante debe ser complementada desde la perspectiva personal del mentor quien ofrece su experiencia de lo que verdaderamente opera en la organización sin necesariamente destruir o minimizar idearios o posturas filosóficas.

En otras palabras, los comportamientos y prácticas de la cultura operante que no coinciden con los de la cultura postulante suelen dejarse al cuidado del mentor.

Estas incongruencias entre cultura operante y cultura postulante aún y cuando no son flagrantes suelen requerir de explicaciones y precisiones a veces complejas que faciliten la comprensión de su casuística, por parte de alguien que tenga la cercanía necesaria con el recluta.

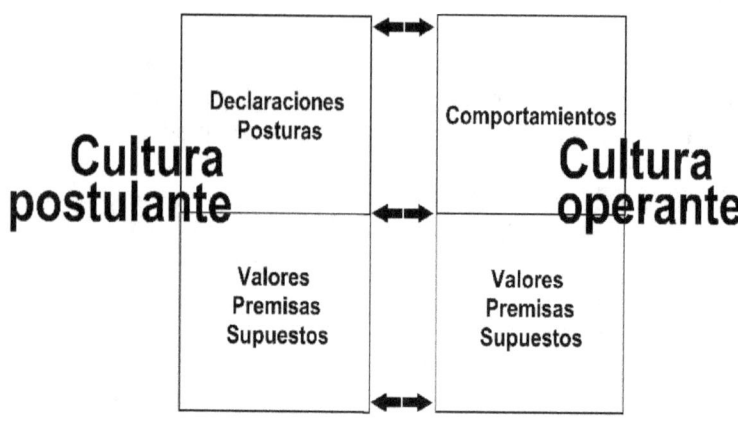

(Adaptado de Ortega, 2016)

Algunas organizaciones buscan, adicionalmente, que entre las características claves del mentor se encuentre su pertenencia o, por lo menos, su simpatía por los grupos o coaliciones de poder considerados como 'aceptables' o 'convenientes' y cuyas perspectivas políticas pueden –implícita e incuestionadamente– transmitirse al inducido.

El mentor se contempla como un maestro que le abre puertas al nuevo miembro –puertas técnicas, formales, informales, paraformales y rituales– y, que al tomarlo bajo su tutela, lo aconseja y le enseña las formas más efectivas de operar y desarrollarse en la organización.

En suma, la figura del mentor interno, conocedor tanto de sus propios compañeros como de la cultura organizacional imperante, facilitaría considerablemente el proceso de incorporación del nuevo miembro, especialmente si en torno al conocimiento que tiene de sus compañeros y de su organización, conjunta empatía personal y habilidades didácticas.

En los casos de organizaciones pequeñas el mentor puede ser el mismo dueño. Lo importante es que haya conciencia de esta función y que la mentoría se realice.

6. Problemas de una inducción inadecuada

Los procesos de inducción –tanto inicial como posterior– pueden no ser lo que debieran porque la organización misma no les da la importancia necesaria o no se escogieron las estrategias adecuadas.

En los casos de organizaciones pequeñas y medianas sus dueños o directivos pueden suponer que el personal y los recursos limitados con los que cuentan pueden ser utilizados más provechosamente de otra manera y en otras actividades.

También suele pensarse que la contigüidad cotidiana en el trabajo que el tamaño de la organización permite, hará las veces de programa de inducción. Nunca es así; aunque algo se aprende, suele acabar en un proceso errático de contenidos fortuitos y desiguales y, por lo tanto, incompleto.

En los casos de las grandes organizaciones, el riesgo puede ser que el proceso de inducción, cuando se realiza, esté ya tan automatizado que se torne simplemente en un ritual burocrático que cubre todos los rubros sin alcanzar ninguno de sus objetivos; y suele, incorrectamente suponerse que otros de sus muchos procesos de administración de recursos humanos, como pueden ser reclutamiento y selección o entrenamiento y desarrollo cumplen adecuadamente con la tarea o la completan.

En muchos casos, el personal directamente responsable de la inducción no tiene, tampoco, ni el tiempo ni los recursos ni las habilidades necesarias para llevarla a cabo.

Asimismo, algunas organizaciones cuya cultura tiene un perfil predominantemente racional (Ortega, 2015; 2016), no valoran suficientemente algunas de las variables humanas personales, como la ansiedad, la incertidumbre y la tensión que toda transición genera y, por lo tanto, no las atienden adecuadamente.

Por otra parte, un programa de inducción –aún cuando se tenga– puede no lograr la integración armónica y efectiva del nuevo empleado a la cultura de la organización como un todo, por una socialización incompleta; una socialización sobre focalizada; o una sobre socialización.

6.1 Socialización incompleta

Se da una socialización incompleta cuando el nuevo empleado no incorpora todos los valores, supuestos o premisas básicos fundamentales de la cultura organizacional aunque pueda compartir premisas y valores marginales.

En este caso se da un desajuste porque no se acaba por compartir elementos claves para la cultura y sus comportamientos resultantes; el nuevo recluta puede sentirse rechazado o improductivo y eventualmente, llegar a dejar la organización.

Con una socialización incompleta el nuevo miembro no pierde su extranjería: Por una parte, sus compañeros de trabajo lo siguen viendo como "de fuera" y por la otra él mismo refuerza esa percepción al enfrentar todas las situaciones que se le presentan en esta organización con los valores, premisas y supuestos de la cultura con la que llega, lo que únicamente acentúa la percepción de extranjería.

Adicionalmente, es importante destacar los peligros, para la cultura organizacional, de dos casos críticos de socialización incompleta: la contaminación cultural y la debilidad cultural.

Especialmente en sus etapas iniciales, una cultura organizacional puede contaminarse o desarrollarse en direcciones no deseadas, por la presencia de agentes con una fuerte culturización previa en culturas o subculturas organizacionales con valores, premisas o prácticas radicalmente distintos a los de la cultura de la organización en cuestión, cuando esta culturización previa sobrevive al proceso de inducción por una socialización incompleta.

Asimismo, una cultura organizacional puede subvertirse o debilitarse cuando, por razones tanto de una altísima rotación de personal como de una gran expansión, la organización trata de incorporar un número considerable de nuevos empleados (en relación a su planta previa), sin contar con los agentes o con los recursos indispensables para poder culturizar efectivamente a esos nuevos empleados –especialmente, en las etapas posteriores al programa de inducción inicial.

Especialmente cuando se trata de un grupo considerable de nuevos miembros, una socialización incompleta expone a que la cultura organizacional se contamine o se hibride con los valores, supuestos, premisas y comportamientos propios de la cultura previa de quienes han sido incompletamente socializados.

En algunos casos esta hibridación puede buscarse y hasta alentarse; en otros, definitivamente no. Con una socialización incompleta puede perderse el control o la capacidad de decidir si se quiere o no.

Existen organizaciones con una altísima rotación de personal concentrada en ciertas áreas o departamentos. En estos casos, son las subculturas de esas áreas o departamentos las que sufren los estragos culturales que se han discutido.

Esto es especialmente cierto en organizaciones en las que estas áreas o departamentos son áreas frontera –es decir, áreas de la organización en contacto directo con clientes, con proveedores o con personas de fuera de la organización.

Algunas organizaciones, por ejemplo, tienen, por diversas razones, generalmente de inducción y salariales, una muy alta rotación en el personal técnico, comercial o de servicio, directamente en contacto con los clientes.

La brevedad de su paso por la organización hace casi imposible una culturización completa o profunda por lo que mantienen su extranjería original.

Esto trae como consecuencia que la subcultura de estas áreas o departamentos no tenga la menor relación con la cultura de la organización como un todo ni, mucho menos, la refleje; y aún más importante, que la imagen de la organización con sus clientes dependa de este personal de paso que no sólo no comparte la cultura de la organización sino que en muchas ocasionen no tienen el menor sentido de pertenencia.

Piénsese, por ejemplo, en un país que pusiera sus relaciones exteriores en manos de extranjeros que no sólo no comparten su cultura sino que ni siquiera hablan su lenguaje.

Y aunque esta rotación pueda también ser resultado de políticas salariales generalmente inadecuadas, también es cierto que la socialización incompleta contribuye quizás más fuertemente a que no se genere el sentido indispensable de pertenencia.

Los costos de esta rotación en términos económicos y de imagen pueden ser muy altos. No sólo hay que estar continuamente reclutando y contratando nuevo personal; reponiendo equipo y uniformes perdidos o desperdiciados; sino generando una mala imagen entre los clientes que los nuevos reclutas no están en condiciones de remediar.

6.2 Socialización sobre focalizada

Se da una socialización sobre focalizada cuando el nuevo empleado se identifica exageradamente con una subcultura organizacional dada (finanzas, ventas, región X, división Y, etc.).

Esta sobre focalización trae como consecuencia una mentalidad autolimitada, una estrechez de miras o un localismo exagerado y una falta de sentido de pertenencia en relación con la organización como un todo.

El nuevo recluta es percibido como naturalmente estrecho de visión, problemático o desintegrado por el resto de los miembros de la organización fuera de su área.

Frecuentemente esta sobre focalización se da como resultado de una inducción general pobre, incompleta o inexistente junto con una inducción a la subcultura particular intensa y profunda.

Uno de los casos más comunes se da en las grandes empresas en las que se desvinculan totalmente la inducción a la organización como un todo de la inducción particular a las diferentes áreas o departamentos.

En estos casos, generalmente, todos los reclutas reciben una inducción global pero somera a la empresa como un todo, después de lo cual son transferidos a sus áreas o departamentos respectivos donde reciben la inducción particular específica –que por su profundidad, intensidad y cercanía cotidiana acaba siendo su cultura principal.

Una sobre focalización sistemática tiende a debilitar paulatinamente los valores comunes de la cultura de la organización como un todo que son, precisamente, los que ligan a las subculturas que, en estos casos, dicha sobre focalización fortalece.

6.3 Sobre socialización

Se da una sobre socialización cuando el nuevo empleado incorpora absolutamente todos los aspectos de la cultura organizacional aún los más nimios y accidentales y los maneja como importantes y esenciales; como si hubiera formado parte de esa cultura o trabajado en esa organización toda su vida y careciera de flexibilidad para separar lo central de lo marginal.

Aunque inicialmente todos los recién socializados puedan dar esta impresión –usual en quienes por primera vez ensayan los valores y comportamientos de una nueva cultura– cuando esta tendencia se mantiene más allá de los primeros tiempos puede ser un indicador de una socialización excesiva o sobre socialización.

Esta sobre socialización puede traer como consecuencia potencial que el nuevo miembro se vuelva conformista y falto de creatividad; que sea percibido como falto de iniciativa y de visión por parte de sus compañeros de trabajo; y que disminuya la capacidad organizacional para la auto–renovación y el desarrollo (Schein, 1985).

En estos casos, la cultura organizacional pierde la oportunidad de esas renovaciones incrementales, a veces marginales, otras veces centrales, pero siempre constantes que cada nueva generación de reclutas potencialmente trae consigo a la organización.

6.4 Otros problemas en relación con la inducción

Finalmente, existen tres tipos adicionales de casos problemáticos que suelen darse en las organizaciones, también relacionados con la inducción.

En el primer caso, los problemas se suscitan básicamente por ausencia de un programa de inducción; en el segundo, por impaciencia del proceso de inducción; en el tercero, por falta de evaluación o por no tomar en cuenta los resultados de ésta.

Como se ha visto, el objetivo fundamental de la inducción es la socialización a una cultura, no la introducción a un puesto o tarea.

En algunas organizaciones, sin embargo, se suele presentar la paradoja de que no se induce al personal altamente profesionalizado (directores, profesores–investigadores, gerentes generales, ejecutivos de alto nivel, etc.) que se contrata, lo que permite inferir que la organización supone que la inducción se limita a la áreas técnica y formal, cuando quizás más que otros, este tipo de personal –en muchos sentidos, por el puesto por ocupar y por su preparación, administradores culturales potenciales– requieren aún más de la inducción a la cultura organizacional.

Por otra parte, existen individuos cuyo sentido de pertenencia o lealtad a la camiseta es tan fuerte que tiene serias dificultades para cambiarse la camiseta cuando llegan a cambiar de trabajo o de organización. Su "nosotros" en referencia a su organización previa suele perdurar más tiempo que el que la paciencia de compañeros y jefes en la nueva organización puede tolerar, generando un eventual rechazo y potencialmente, la salida del individuo en cuestión.

Algunos de los que sobreviven en el 'nuevo' empleo, después de años de laborar ahí siguen usando como referente ejemplar a su organización previa: "nosotros" en la empresa X...

Con la participación apropiada y una especial atención al área ritual de su inducción, sin embargo, este tipo de individuos suelen transferir toda la fortaleza de su lealtad a la nueva organización, y por el tipo de amor a la camiseta que profesan pueden ser muy valiosos para la organización.

Finalmente, cuando no se realiza una evaluación apropiada o, de realizarse, los resultados de la evaluación no se incorporan como insumos en la planeación de los procesos de inducción subsecuentes, la inducción puede adolecer de alguno de los problemas previamente discutidos, o aún otros más, sin que la organización se entere o pueda corregirlos.

Simplemente ¿se están alcanzando los resultados que se buscan con la inducción a corto, mediano y largo plazos? De no ser justamente así ¿qué acciones tienen que tomarse para lograrlos? ¿Se está atendiendo a los reclutas en toda su generalidad pero también en toda su diversidad y en toda su individualidad?

Sólo haciéndose esas preguntas, respondiéndolas válidamente, y retroalimentando sus procesos originales de inducción, podrá pensarse que se realiza un proceso de inducción adecuado.

En suma, la efectividad en los procesos de inducción requiere que se atiendan las cinco áreas (técnica, formal, informal, paraformal y ritual) de manera armónica, sin privilegiar –como frecuentemente se hace– las áreas técnica y formal.

Un manejo inadecuado de las áreas informal y paraformal puede elevar los costos cotidianos en ansiedad y en tensión, así como disminuir la productividad de los nuevos miembros; por otra parte, un manejo inadecuado del área ritual puede dificultar su sentido de comunidad y su orgullo de pertenencia.

Es igualmente importante que toda transición tenga su correspondiente proceso de inducción, en vez de limitarla exclusivamente, como suele suceder, a la inducción inicial.

Asimismo, cada organización debe elegir e integrar las estrategias de inducción convenientes a su tamaño, así como correspondientes a su tipo y a su naturaleza en tanto organización.

Esta inducción tiene que orientarse tanto a la cultura de la organización como un todo, como a la subcultura o subculturas específicas de las que vaya a formar parte.

Idealmente, tanto a nivel de la cultura organizacional como un todo, como de la subcultura particular de que, en cada caso, se trate, una inducción efectiva habrá sido aquella que logre una incorporación plena de los nuevos miembros a la organización, sin haber perdido nada de su iniciativa, de su creatividad, ni de sus aportaciones personales potenciales para vivificarlas y renovarlas.

Bibliografía

Argyris, Chris. 1957. **Personality and Organization**. Nueva York: Harper y Row.

Argyris, Chris y Donald A. Schön. 1974. **Theory in Practice. Increasing Professional Effectiveness.** San Francisco: Jossey–Bass.

Argyris, Chris y Donald A. Schön. 1978. **Organizational Learning. A Theory of Action Perspective**. Reading, Mass.; Addisson–Wesley.

Armstrong, Michael. 2006. **Strategic human resource management: A guide to action.** Filadelfia: Kogan Page.

Bass, Bernard M. 1985. **Leadership and performance beyond expectations.** Nueva York: Free Press.

Bass, Bernard M. 1995. "Theory of transformational leadership redux". **Leadership Quarterly**, 6: 463–478.

Berlew, David E. y Douglas T. Hall. 1966. "The socialization of managers: Effects of expectations on performance". **Administrative Science Quarterly**. 11 (septiembre): 207-223.

Blumer, Herbert. 1969. **Symbolic Interactionism**. Englewood Cliffs, New Jersey, Prentice-Hall,

Bolman, Lee G. and Terrence Deal. 1984. **Modern Approaches to Understanding and Managing Organizations.** San Francisco: Jossey–Bass.

Campbell, Joseph. 1963. **The Hero With A Thousand Faces.** Cleveland, OH: The World Publishing Company (Meridian Books).

Cassirer, Ernest. 1978. **Antropología Filosófica**. México: Fondo de cultura económica

Conway, Neil y Rob B. Briner. 2005. **Understanding Psychological Contracts at Work. A Critical Evaluation of Theory and Research.** Oxford: Oxford University Press.

Coopey John. 1995. "Managerial culture and the stillbirth of organizational commitment". **Human Resource Management Journal.** 5(3): 56-76.

Crozier, Michel. 1964. **The Bureaucratic Phenomenon**. Chicago: University of Chicago Press

Dahl, Robert A. 1957. "The Concept of Power" **Behavioral Science**, 2, 3 (julio):201–215.

Deal, Terrence E. y Allen A. Kennedy. 1982. **Corporate Cultures**. Reading, Mass.: Addison–Wesley

Deal, Terrence E. y Kent D. Peterson. 1994. **The Leadership Paradox.** San Francisco: Jossey–Bass.

Deal, Terrence E. y Kent D. Peterson. 1999. **Shaping School Culture: The Heart of Leadership.** San Francisco: Jossey–Bass.

Drucker, Peter. 1999."Managing Oneself" **Harvard Business Review** 77, 2 (marzo–abril):65–74.

Etzioni, Amitai. 1986. **Modern Organizations.** Englewood Cliffs, N.J.: Prentice–Hall

Feldman, Daniel C. 1976. "A Contingency Theory of Socialization" **Administrative Science Quarterly.** 21 (3), 433-452.

French, John. R. P. and Bertram Raven. 1959. "The bases of social power." En D. Cartwright and A. Zander. **Group dynamics.** Nueva York: Harper & Row.

Gagliardi, Pasquale. 1986. "The Creation and Change of Organizational Culture: A Conceptual Framework" **Organization Studies**, 7, 2:117-134.

Glueck, William F. 1982. **Personnel: A Diagnostic Approach.** Revisado por George T. Milkovich. Plano, Tx.: Business Publication (3a.edición).

Grusky, Oscar. 1966. "Career Mobility and Organizational Commitment" **Administrative Science Quarterly** 10, 4 (marzo):488-503.

Heneman, Herbert G. y Donald P. Schawab (Compiladores). 1982. **Perspectives on Personnel/Human Resources Management.** Homewood, III.: Irwin.

Herzberg, Frederick. 1964. "The Motivation–Hygiene Concept and Problems of Manpower." **Personnel Administrator** (27): 3–7.

Hofstede, Geert. 1980a. **Culture's Consequences.** Beverly Hill: Sage.

Hofstede, Geert. 1980b. "Motivation, Leadership and Organization: Do American Theories Apply Abroad? **Organizational Dynamics.** (Summer): 42–63.

Jones, Gareth R. 1983. "Psychological Orientation and the Process of Organizational Socialization: An Interactionist Perspective." **Academy of Management Review.** 8 (3): 464-474.

Kanouse, Daniel N. y Philomena I. Warihay. 1980. "A new look at employee orientation." **Training and Development Journal**, 34(7): 34-38.

Katz, Daniel y Robert L. Kahn. 1966. **The Social Psychology of Organizations.** Nueva York: Wiley.

Klein, Howard J., y Natasha A. Weaver. 2000. "The effectiveness of an organizational-level orientation training program in the socialization of new hires". **Personnel Psychology**, 53(1): 47-66.

Laureani, Alessandro y Antony Jiju. 2010. "Reducing employees' turnover in transactional services: a Lean Six Sigma case study" **International Journal of Productivity and Performance Management.** 59 (7): 688-700.

Lawrence, Paul R. y Jay W. Lorsch. 1967. **Organization and Environment. Managing Differentiation and Integration.** Boston: Harvard Business School.

Levinson, Harry. 1968. **The Exceptional Executive: A Psychological Conception.** Cambridge, MA.: Harvard University Press.

Levinson, Harry; Charlton R. Price, Kenneth J. Munden, Harold J. Mandl y Charles M. Solley. 1962. **Men, Management, and Mental Health.** Cambridge, MA: Harvard University Press.

Lewin, Kurt; Ronald Lippit y Robert K. White. 1939."Patterns of Aggressive Behavior in Experimentally Created Social Climates" **Journal of Social Psychology**, 10(1939): 271–299.

March, James G. y Johan P. Olsen. 1976. **Ambiguity and Choice in Organizations.** Bergen, Noruega: Universitetsforlaget

March, James G. y Herbert A. Simon. 1958. **Organizations.** Nueva York. Wiley

Maslow, Abraham H. 1943. "A Theory of Human Motivation". **Psychological Review,** 50(4): 370–96.

Maslow, Abraham H. 1954. **Motivation and Personality.** Nueva York: Harper & Row.

Maslow, Abraham H. 1970a. **Motivation and Personality.** New York: Harper & Row.

Maslow, Abraham H. 1970b. **Religions, Values, and Peak Experiences.** Nueva York: Penguin

Mayo, Elton. 1933. **The Human Problems of an Industrial Civilization.** New York: Macmillan.

McGregor, Douglas. 1960. **The Human Side of Enterprise.** Nueva York: McGraw–Hill

Mowday, Richard T., Lyman W. Porter y Richard Steers. 1982. **Employee—Organization Linkages: The Psychology of Commitment, Absenteeism, and Turnover.** Nueva York: Academic Press.

Ortega, Mariano. 1982. "Dimensiones organizacionales: Hacia una comprensión del comportamiento organizacional." **Bases para la administración en instituciones educativas.** Compilado por M. Ortega, M. Mancebo, R. Thán, L. González y E. Nieto. Querétaro: Ciidet: 16-54.

Ortega, Mariano. 1984. **La evaluación institucional: Un enfoque dimensional del diagnóstico y la evaluación de las organizaciones.** Querétaro: Cedesa.

Ortega, Mariano. 2015a. **Dimensiones del comportamiento y la cultura organizacionales.** Querétaro: Fomeq.

Ortega, Mariano. 2016. **La cultura organizacional.** Querétaro: Fomeq.

Ortega, Mariano. 2017. **To Be or Not To Be: A Map of Human Behavior.** Querétaro: Fomeq.

Ortega, Mariano. 2018. **Liderazgo absoluto: Ruptura y renovación de paradigmas y de prácticas.** Querétaro: Fomeq.

Parsons, Talcott. 1960. **Structure and Process in Modern Societies.** Nueva York: The Free Press

Pfeffer, Jeffrey. 1994. **Managing With Power.** Cambridge, MA: Harvard Business School Press.

Rousseau, Denise M. 1989. "Psychological and Implied Contracts in Organizations" **Employee Responsibilities and Rights Journal,** 2, (2): 121-139.

Rue, Leslie W., Nabil A. Ibrahim y Lloyd L. Byars. 2016. **Human Resource Management.** Nueva York: McGraw-Hill.

Salancik, Gerald R., Barry M. Staw y Louis R. Pondy. 1980. "Administrative Turnovers a Response to Unmanaged Organizational Interdependence". **Academy of Management Journal** 23: 422-437.

Schein, Edgar H. 1984. "Coming to a New Awareness of Organizational Culture" **Sloan Management Review** 25 (Invierno), 2 3–16.

Schein, Edgar H. 1985. **Organizational Culture and Leadership**. San Francisco: Jossey– Bass

Shore, Lynn McFarlane y Lois E. Tetrick. 1994. "The Psychological Contract as an Explanatory Framework in the Employment Relationship". En Trends in Organization Behavior. Vol. I. Cary L. Cooper y Denise M. Rousseau (Compiladores). Nueva York: Wiley: 91-109.

Thompson, James D. 1967. **Organizations in Action**. Nueva York: McGraw–Hill.

Van Maanen, John E. 1975. "Breaking in: Socialization to work." En **Handbook of Work, Organization, and Society.** Compilado por Robert Dubin. Chicago: Rand-McNally.

Van Maanen, John E. 1978. "People processing: Major strategies of organizational socialization and their consequences" En **New directions in human resource management.** Compilado por J. Paap. Englewood Cliffs, NJ: Prentice-Hall.

Van Maanen, John E. y Edgar Schein. 1979. "Toward a Theory of Organized Socialization". En **Research on Organizational Behavior. Volume I.** Compilado por Barry M. Staw. Greenwich, Conn.: JAI Press.

Wanous, John P. 1992. **Recruitment, Selection, Orientation, and Socialization of Newcomers.** Nueva York: Addison-Wesley.

Wanous, John P. y Arnon E. Reichers. 2000. "New employee orientation programs." **Human Resource Management Review** 10(4): 435-452.

Weber, Max. 1944. **Economía y Sociedad.** México: Fondo de cultura económica

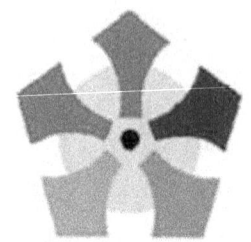

Inducción integral
de Mariano Ortega
se acabó de imprimir el
22 de agosto de 2018